CARTEA DE CATEGORIE ULTIMĂ DE CIRES

Explorați aromele dulci și acide ale cireșelor în 100 de rețete delicioase

Larisa Gherghe

Material cu drepturi de autor ©2024

Toate drepturile rezervate

Nicio parte a acestei cărți nu poate fi utilizată sau transmisă sub nicio formă sau prin orice mijloc fără acordul scris corespunzător al editorului și al proprietarului drepturilor de autor, cu excepția citatelor scurte utilizate într-o recenzie. Această carte nu trebuie considerată un substitut pentru sfaturi medicale, juridice sau alte sfaturi profesionale.

CUPRINS

CUPRINS 3
INTRODUCERE 6
REȚETE DE BAZĂ 7
   1. Suc de cirese 8
   2. Sirop de cirese 10
   3. Lichior de cirese 12
   4. Umplutură de plăcintă cu cireșe 14
   5. Conserve de cirese 16
   6. Pudră de cireșe 18
   7. Dulceata de cirese 21
   8. Sos de cirese 24
   9. Lapte de cirese 26
   10. Vinaigretă de cireșe 28
   11. Unt de cireșe 30
   12. Cireșe poșate 32
   13. Cireșe prăjite 34

MIC DEJUN ȘI BRUNCH 36
   14. Pâine cu cireșe și banane 37
   15. Cirese si Fistic Ovaz 40
   16. Brioșă englezească umplută cu cireșe 42
   17. Scones cu cireșe Amaretto 44
   18. Ovăz peste noapte cu cireșe lavandă 46
   19. Croissant cu covrigi umplut cu cireșe 48
   20. Ciocolata calda cu visine 50
   21. Pâine prăjită cu cireșe 52
   22. Clatite cu migdale cirese 55
   23. Vafe cu rachiu și cireșe 57
   24. Pâine de ziua de naștere cu cireșe, nuci 59
   25. Dulceata de cirese Gogoasa s 62
   26. Biscotti cu cireșe 65
   27. Crêpe Toblerone cu cireșe brandiate 67
   28. Crepe de cirese 69
   29. Cafea cu cireșe 71
   30. Chiflă de ciocolată cu cireșe s 73

GUSTĂRI 76
   31. Trufe de ciocolată umplute cu cireșe 77
   32. Batoane de cireșe 79
   33. Cupcakes Cherry Malt Bliss 81
   34. scurte cu cireșe 84
   35. Quinoa cu cireșe bar 86
   36. Ciocolată neagră cireșe 88

37. BILE DE ROM DE CIREȘE.. 90
38. CIREȘE ACOPERITE CU CIOCOLATĂ NEAGRĂ 92
39. TURNOVER-URI DE CIREȘE 94
40. FRIJITURI CU CIREȘE CU ROM.. 96
41. POPCORN CU CIREȘE 98
42. MIX DE TRASEE DE CIREȘE 100
43. PUFURILE CU CREMA DE CIRESE 102
44. MUȘCĂTURI DE BROWNIE CU CIREȘE 105
45. DULCIURI CROCANTE DE OREZ CU VIN ȘI CIREȘE 107
46. BILE ENERGETICE DE CIREȘE 109
47. BISCUIȚI CU CIREȘE 111
48. DULCIURI CROCANTE DE OREZ CU VIN ȘI CIREȘE 114

DESERT 116

49. CHEESECAKE CU CIREȘE CU GLAZURĂ ROȘIE ÎN OGLINDĂ 117
50. PLĂCINTĂ CROCANTĂ CU CIREȘE ȘI ALUNE 121
51. DE CIREȘE, RUBARBĂ ȘI PEPENE GALBEN 123
52. CIRESE SI AFINE.. 125
53. PESMET DE LAPTE DE CIREȘE 127
54. PARFAIT DE CIREȘE... 129
55. CREMĂ DE CIREȘE DACQUOISE 131
56. CAPPUCCINO AFINE CRISP 134
57. BAVAROIS DE CIREȘE 136
58. TORT CU CIREȘE CU SUSUL ÎN JOS 138
59. OALĂ CU MIGDALE ȘI CIREȘE 140
60. PLĂCINTĂ BROWNIE CU CIREȘE 142
61. CIZMAR CIREȘ 144
62. TORT CU CREMĂ... 146
63. MOUSSE DE LAMAIE CIREȘE NUCI 148
64. MOUSSE DE CIREȘE 150
65. SEMIFREDDO DUBLU CIREȘ 152
66. TARTA CHERRY SWIRL INGHETATA DE COCOS........................ 155
67. ÎNGHEȚATĂ DE MODĂ VECHE 158
68. PAVLOVA DE CIREȘE ȘI MIGDALE 160
69. FLAN DE CIRESE PROASPETE 162
70. ÎNGHEȚATĂ CU CIREȘE 164
71. INGHETATA CHEESECAKE CHERRY 166
72. TORT CU CIREȘE 168
73. POARTA DE CIRESE 170
74. SUFLE DE CIREȘE.. 172
75. TIRAMISU CU VISINE 174
76. BUDINCĂ DE CHIA CU FRUCTE DE CIREȘE............................... 177
77. CANNOLI CU CIREȘE 179
78. TARTA CU CIRESE 182
79. CIREȘE CU BROWNIES 184

- 80. Cherry Bircher 187
- 81. Cherry Zuccotto 189
- 82. Cherry Boule-de-Neige 191

BĂUTURI 194
- 83. Bourbon de cireșe-vanilie 195
- 84. Limonadă de cireșe 197
- 85. Cherry Tutti-frutti 199
- 86. Punch cu ananas și cireșe 202
- 87. Cocktail Bourbon și Cireșe 204
- 88. Reîmprospătare cu castraveți cireși 206
- 89. Limea de cirese 208
- 90. Apa de cireșe-menta 210
- 91. Mocktail de cireșe și pătrunjel 212
- 92. Moka cu gheață de cireșe 214
- 93. Bing C lichior de herry 216
- 94. Bourbon de cireșe-vanilie 218
- 95. Țuică de cireșe 220
- 96. Coniac infuzat cu cireșe 222
- 97. Kombucha de cireșe 224
- 98. Cherry Martini 226
- 99. Milkshake Cherry Boba 228
- 100. Smoothie cu cireșe, vanilie 230

CONCLUZIE 232

INTRODUCERE

Bine ați venit la „CARTEA DE CATEGORIE ULTIMĂ DE CIRES", ghidul dumneavoastră pentru a explora aromele încântătoare dulci și acide ale cireșelor prin intermediul a 100 de rețete delicioase. Cireșele, cu culoarea lor vibranta si gustul irezistibil, sunt un fruct indragit de care se bucura oamenii din intreaga lume. În această carte de bucate, sărbătorim versatilitatea și deliciul cireșelor, prezentând profilul lor unic de aromă într-o mare varietate de creații culinare.

În această carte de bucate, vă veți porni într-o aventură culinară prin lumea cireșelor, descoperind o multitudine de rețete care le evidențiază aromele dulci și acidulate. De la plăcinte clasice cu cireșe și dulcețuri cu fructe până la mâncăruri sărate, cum ar fi puiul glazurat cu cireșe și salate vibrante, fiecare rețetă este creată pentru a prezenta versatilitatea delicioasă a acestui fruct iubit. Indiferent dacă ești fan al deserturilor dulci sau al preparatelor principale sărate, există ceva de care să se bucure toată lumea în această colecție.

Ceea ce distinge „CARTEA DE CATEGORIE ULTIMĂ DE CIRES" este accentul pus pe creativitate și inovație. În timp ce cireșele sunt adesea asociate cu deserturi clasice, cum ar fi plăcinte și cizmar, această carte de bucate le explorează potențialul într-o gamă largă de feluri de mâncare, de la delicii pentru micul dejun până la antreuri sărate și nu numai. Cu instrucțiuni ușor de urmat și sfaturi utile, veți fi inspirat să experimentați cu cireșe în moduri noi și interesante, adăugând o explozie de aromă la fiecare masă.

Pe parcursul acestei cărți de bucate, veți găsi sfaturi practice despre selectarea, păstrarea și prepararea cireșelor, precum și fotografii uimitoare pentru a vă inspira creațiile culinare. Indiferent dacă gătiți pentru o ocazie specială, găzduiți o cină sau pur și simplu doriți să vă răsfățați cu un delicios cu cireșe, „CARTEA DE CATEGORIE ULTIMĂ DE CIRES" are tot ce aveți nevoie pentru a profita la maximum de acest fruct încântător.

REȚETE DE BAZĂ

1.Suc de cirese

INGREDIENTE:
- 3 căni de cireșe; coapte și proaspete sau congelate
- ½ cană apă

INSTRUCȚIUNI:
a) Începeți prin a spăla cireșele și a îndepărta sâmburele.
b) Pur și simplu introduceți cireșele fără sâmburi prin jgheabul pentru storcător și lăsați mașina să facă treaba.
c) Reprocesează pulpa încă o dată sau de două ori pentru a extrage cât mai mult suc din fructe.

2.Sirop de cirese

INGREDIENTE:
- ½ cană de cireșe proaspete
- ½ cană de zahăr
- ½ cană de apă

INSTRUCȚIUNI:
a) Încinge zahărul în apă într-o cratiță mică la foc mic.
b) Adăugați cireșele în sirop și lăsați-le să stea peste noapte într-un recipient ermetic.
c) Se strecoară și se aruncă cireșele.

3. Lichior de cirese

INGREDIENTE:
- 4 căni de vodcă
- 4 căni de cireșe întunecate fără sâmburi congelate, dezghețate
- 2 căni de zahăr granulat

INSTRUCȚIUNI:
a) Împărțiți uniform sticla mare de vodcă între cele două borcane de conserve de mărimea unui litru, umplând fiecare borcan cu puțin mai mult de 2 căni de vodcă.
b) Adăugați două căni de cireșe în fiecare borcan.
c) Includeți 1 cană de zahăr granulat în fiecare borcan.
d) Înșurubați bine capacele și agitați bine borcanele pentru a amesteca bine ingredientele.
e) Pune borcanele într-un dulap întunecat sau într-un alt loc întunecat timp de cel puțin 1 lună. In aceasta perioada, agita borcanele de cel putin doua ori pe saptamana, sau ori de cate ori iti vine in minte. În acest timp, zahărul se va dizolva complet. Vodca va fi aromată după 1 lună, dar pentru o aromă și o culoare mai profundă, o puteți lăsa la infuzat mai mult timp.
f) Odată ce lichiorul s-a terminat de înmuiat, strecoară unul dintre borcanele cu lichior într-o măsură mare de sticlă, cu un gura de turnare. Apoi, decantați lichiorul în două sticle sterilizate de 8½ uncii, cu capace bine fixate. Repetați acest proces cu al doilea borcan.
g) Puneți toate cireșele într-unul dintre borcanele de litre și completați-l cu rom, bourbon sau coniac pentru a crea cireșe de cocktail. De asemenea, le puteți împărți în borcane mai mici pentru cadouri încântătoare, potrivite în special pentru fanii cocktail-ului de modă veche.
h) Păstrați sticlele de lichior și cireșe într-un loc răcoros și uscat, cum ar fi un dulap sau o cămară.

4.Umplutură de plăcintă cu cireșe

INGREDIENTE:
- 4 căni (616 g) cireșe fără sâmburi, decongelate dacă sunt congelate
- 1 cană (198 g) zahăr granulat
- 2 linguri suc de lamaie
- ¼ cană (28 g) amidon de porumb
- Un praf mic de sare
- Opțional: ⅛ linguriță de scorțișoară

INSTRUCȚIUNI:
a) Într-o cratiță medie, la foc mediu, combinați cireșele, zahărul granulat, sucul de lămâie, amidonul de porumb, un praf mic de sare și, opțional, scorțișoara. Amestecă bine.
b) Dacă cireșele nu sunt foarte suculente, luați în considerare adăugarea de apă la amestec. Cantitatea de apă necesară poate varia de la câteva linguri până la ½ cană, în funcție de conținutul de umiditate al fructului. Acest lucru ajută la obținerea consistenței dorite.
c) Aduceți amestecul la fierbere. Odată ce începe să fiarbă, reduceți focul la mediu-mic.
d) Se fierbe timp de 8-10 minute sau până când amestecul se îngroașă. Dacă observați că amestecul se lipește de tigaie, reduceți focul la mic și adăugați un strop de apă pentru a nu se lipi.
e) Luați cratita de pe foc și lăsați umplutura de plăcintă cu cireșe să se răcească ușor.

5. Conserve de cirese

INGREDIENTE:
- 1 kg de cireșe fără sâmburi (proaspete sau congelate)
- 1½ cani de zahar granulat
- 1 lingura de suc de lamaie proaspat stors
- ½ linguriță de coajă de lămâie
- 1 lingura de unt

INSTRUCȚIUNI:
a) Începeți prin a spăla și pregătiți cireșele. Dacă utilizați cireșe congelate, nu este nevoie să le dezghețați în prealabil.
b) Într-o cratiță medie, combinați cireșele, zahărul granulat, sucul de lămâie proaspăt stors și coaja de lămâie.
c) Se amestecă ingredientele la foc mediu-mic până când zahărul se dizolvă complet, ceea ce ar trebui să dureze aproximativ 5 minute.
d) Se mărește focul și se aduce amestecul la fierbere. Se lasa sa fiarba 3 minute, apoi se ia de pe foc si se amesteca cu lingura de unt.
e) Puneti cratita pe foc si aduceti-o din nou la fiert. Apoi, reduceți căldura la mediu. Se amestecă și se pasează frecvent cireșele, continuând să fiarbă până când dulceața se îngroașă. De asemenea, puteți verifica temperatura și ar trebui să atingă 220°F/104°C. Acest lucru durează de obicei aproximativ 10 până la 15 minute.
f) Lăsați dulceața să se răcească ușor și transferați-o cu grijă într-un borcan curat, călit.
g) După ce gemul s-a răcit complet, acoperiți borcanul și păstrați-l la frigider.

6.Pudră de cireşe

INGREDIENTE:

- Cireșe proaspete sau congelate

INSTRUCȚIUNI:
a) Începeți prin a spăla și usca bine cireșele. Îndepărtați eventualele tulpini și gropi dacă este necesar.
b) Dacă aveți cireșe congelate, asigurați-vă că sunt complet dezghețate și uscate.
c) Așezați cireșele pregătite pe tăvile de deshidratare într-un singur strat, asigurându-vă că nu se ating între ele.
d) Setați deshidratorul la o temperatură de aproximativ 135 ° F (57 ° C) pentru cireșe.
e) Deshidratați cireșele aproximativ 8-12 ore sau până când sunt complet uscate și casante. Timpul poate varia în funcție de deshidrator și de conținutul de umiditate al cireșelor.
f) Preîncălziți cuptorul la cea mai scăzută temperatură posibilă (de obicei, în jur de 170 ° F sau 75 ° C).
g) Așezați cireșele pregătite pe o foaie de copt tapetată cu hârtie de copt într-un singur strat.
h) Deschideți ușor ușa cuptorului folosind o lingură de lemn sau un ustensil pentru cuptor pentru a lăsa umezeala să scape.
i) Coaceți cireșele timp de 6-10 ore, verificându-le în mod regulat. Sunt gata când sunt complet uscate și casante.
j) Lăsați cireșele uscate să se răcească la temperatura camerei.
k) Transferați cireșele uscate într-o râșniță de condimente, blender sau robot de bucătărie. Puteți folosi și un mojar și un pistil dacă preferați o textură mai grosieră.
l) Pulsați sau măcinați cireșele uscate până obțineți o pudră fină. Acest lucru poate dura câteva minute, în funcție de echipamentul dvs.
m) Transferați pudra de cireșe într-un recipient etanș, cum ar fi un borcan de sticlă cu un capac etanș.
n) Păstrați-l într-un loc răcoros, uscat, ferit de lumina directă a soarelui.

o) Pudra de cirese poate fi folosita ca agent de aromatizare si colorant natural intr-o varietate de retete. Este excelent pentru a adăuga aromă de cireșe la smoothie-uri, fulgi de ovăz, produse de copt, sosuri și chiar înghețată de casă.
p) Reglați cantitatea de pudră de cireșe după gust, în funcție de rețeta pe care o utilizați.

7.Dulceata de cirese

INGREDIENTE:
- 3 cani de cirese proaspete, fara samburi si tocate
- ½ cană de suc de mere neîndulcit
- 2 lingurite de suc de lamaie
- 2 pachete (2 uncii) de pectină de fructe pudră
- 3 căni de zahăr alb
- 4 borcane de conserve de jumătate de halbă cu capace și inele

INSTRUCȚIUNI:
a) Într-o cratiță mare, la foc mediu, combinați cireșele, sucul de mere, sucul de lămâie și pectina de fructe pudră. Aduceți amestecul la fierbere și adăugați zahărul alb. Lăsați dulceața să fiarbă la fiert timp de 2 minute, amestecând continuu. Scoateți-l de pe foc și îndepărtați orice spumă.
b) Sterilizați borcanele și capacele de conserve punându-le în apă clocotită timp de cel puțin 5 minute. Împachetați dulceața de cireșe fierbinte în borcanele sterilizate, umplându-le până la ¼ inch de vârf. După ce umpleți borcanele, treceți un cuțit sau o spatulă subțire de-a lungul interiorului pentru a îndepărta eventualele bule de aer.
c) Ștergeți marginile borcanelor cu un prosop de hârtie umed pentru a elimina orice reziduu alimentar. Acoperiți fiecare borcan cu un capac și înșurubați inelele.
d) Pune un suport în fundul unui vas mare și umple-l pe jumătate cu apă.
e) Aduceți apa la fiert la foc mare. Coborâți cu grijă borcanele umplute în oală folosind un suport pentru borcane, asigurându-vă că există un spațiu de 2 inci între ele.
f) Adăugați mai multă apă clocotită dacă este necesar, menținând un nivel de apă la cel puțin 1 inch deasupra vârfurilor borcanelor.
g) Aduceți apa la fierbere complet, acoperiți oala și procesați timp de 15 minute sau conform recomandărilor agentului de extensie din județul dumneavoastră.
h) Scoateți borcanele din oală și așezați-le pe o suprafață acoperită cu pânză sau de lemn, distanțându-le la câțiva centimetri.
i) Lăsați-le să se răcească. Odată ce se răcește, apăsați partea superioară a fiecărui capac cu un deget pentru a asigura o etanșare etanșă (capacul nu trebuie să se miște în sus sau în jos).
j) Păstrați dulceața de cireșe într-o zonă rece și întunecată.

8. Sos de cirese

INGREDIENTE:
- 4 cesti de cirese (proaspete sau congelate), fara samburi
- ¼ până la ⅓ cană de apă
- 1 lingura de amidon de porumb
- 1 lingura de suc de lamaie
- 2 linguri de zahar

INSTRUCȚIUNI:
a) Într-o cratiță medie (pe foc), turnați apa. Folosiți ⅓ cană de apă pentru cireșe proaspete și ¼ cană de apă pentru cireșe congelate. Se amestecă 1 lingură de amidon de porumb, 1 lingură de suc de lămâie și 2 linguri de zahăr.
b) Pune cratita la foc mediu si amesteca constant pana cand amestecul incepe sa se ingroase.
c) Adăugați cireșele și gătiți, amestecând din când în când, până când sosul ajunge la un fierbere ușor. Acest lucru va dura aproximativ 6-10 minute pentru cireșe proaspete și 12-15 minute pentru cireșe congelate. Sosul trebuie să fie îngroșat și să barboteze uniform, nu doar pe margini. Odată atins, se ia de pe foc.
d) Lăsați sosul să se răcească la temperatura camerei, apoi acoperiți-l și păstrați-l la frigider într-un borcan de sticlă sau un recipient Tupperware până când sunteți gata să îl utilizați. Se va îngroșa și mai mult așa cum este.

9. Lapte de cirese

INGREDIENTE:
- 6 uncii de lapte de migdale
- 4 uncii suc de cireșe tartă
- 1 lingura miere sau sirop de artar

INSTRUCȚIUNI:
a) Încălziți laptele de migdale și sucul de cireșe tartă la foc mediu într-o oală mică.
b) Se ia de pe foc și se amestecă mierea.
c) Bea cald.

10.Vinaigretă de cireșe

INGREDIENTE:
- 1 cană de cireșe, fără sâmburi și tăiate la jumătate
- 2 linguri de otet de vin rosu
- 1 lingura de otet de zmeura (sau glazura balsamica)
- 3 linguri ulei de masline extravirgin

INSTRUCȚIUNI:
a) Începeți prin a vă spăla, sâmbure și înjumătăți cireșele.
b) Pune toate ingredientele pentru dressing într-un robot de bucătărie mic sau într-un blender compact de mare viteză. Amestecați până când amestecul devine omogen.
c) Gustați dressingul și ajustați condimentele în funcție de preferințele dumneavoastră personale.
d) Dacă dressingul pare prea gros, puteți adăuga 1-2 linguri de apă pentru a obține consistența dorită.
e) Păstrați vinaigreta cu cireșe într-un recipient ermetic la frigider. Se poate păstra 3-4 zile.

11. Unt de cireşe

INGREDIENTE:
- 5 kilograme de cireșe, fără sâmburi
- 1-2 căni de zahăr granulat

INSTRUCȚIUNI:
a) Începeți prin a tăia cireșele cu sâmburi, fie folosind un sâmbure de mână, fie metoda de fierbere descrisă mai sus.
b) Odată ce cireșele sunt fără sâmburi, pasați-le în piure până la omogenizare.
c) Transferați piureul într-un aragaz lent și gătiți la foc mic timp de 8 până la 16 ore sau până când piureul de cireșe s-a redus la jumătate și devine destul de gros.
d) Folosiți un blender de imersie pentru a face piure din nou până când este foarte neted. Adăugați zahăr după gust și amestecați până când este complet distribuit și dizolvat.
e) Pâlnie untul de cireșe finit în borcane de jumătate de litru, asigurându-vă că există un spațiu de ½ inch în partea de sus.
f) Ștergeți marginile borcanelor, aplicați capacele și inelele și procesați borcanele într-o cutie de baie de apă clocotită timp de 15 minute.
g) După timpul de procesare, scoateți cu grijă borcanele și puneți-le pe un prosop de bucătărie pliat pentru a se răci. Odată ce borcanele s-au răcit suficient pentru a le manipula confortabil, verificați sigiliile.
h) Borcanele sigilate pot fi păstrate la temperatura camerei până la un an. Orice borcane desigilate trebuie refrigerate și utilizate prompt.

12. Cireșe poșate

INGREDIENTE:
- 24 de cirese fara samburi
- 250 ml vin roşu
- 2 linguri de zahar brun
- 1 baton de scortisoara
- 1 lingurita boabe de piper negru
- Seminte de la 1 pastaie de vanilie

INSTRUCŢIUNI:
a) Începeţi prin a încălzi uşor vinul roşu şi zahărul brun într-o cratiţă, amestecând până când zahărul se dizolvă complet.
b) Închideţi batonul de scorţişoară şi boabele de piper negru într-o pânză de brânză, legaţi-l bine şi adăugaţi-l în cratiţă cu vin.
c) Încorporează cireşele şi seminţele de vanilie în tigaie, asigurând un amestec complet, şi aduceţi-o la fierbere.
d) Continuaţi să gătiţi câteva minute până când cireşele devin fragede.
e) Apoi, scoateţi cu grijă cireşele din tigaie folosind o lingură cu fantă şi transferaţi-le într-un castron.
f) Continuaţi să fierbeţi amestecul de vin până când scade la o consistenţă siropoasă.
g) Reintroduceţi cireşele în tigaie, luaţi-o de pe foc şi amestecaţi bine pentru a amesteca fructele cu siropul.

13. Cireșe prăjite

INGREDIENTE:
- 4 căni de cireșe fără sâmburi
- 1 lingura de ulei de masline
- ¼ linguriță de sare de mare fină
- ¼ lingurita de piper negru
- 3 linguri de patrunjel proaspat, tocat

INSTRUCȚIUNI:

a) Preîncălziți cuptorul la 450 de grade și tapetați o tavă cu hârtie de copt.
b) Folosiți un sâmbure de cireșe pentru a îndepărta sâmburele de cireșe.
c) Într-un castron, amestecați cireșele cu ulei de măsline, sare de mare și piper negru până când sunt bine acoperite. Întindeți cireșele pregătite pe tava tapetată.
d) Prăjiți cireșele în cuptorul preîncălzit timp de 15 minute.
e) Odată gata, scoateți cireșele din cuptor și stropiți-le cu pătrunjel proaspăt tocat. Aruncați ușor cireșele când s-au răcit suficient pentru a fi manipulate.
f) Puteți savura cireșele prăjite calde ca garnitură sau le puteți păstra la frigider până la cinci zile pentru a le folosi în salate sau ca o gustare gustoasă.

MIC DEJUN ȘI BRUNCH

14.Pâine cu cireșe și banane

INGREDIENTE:
PENTRU PÂINEA DE BANANA:
- 3 banane coapte, piure
- ½ cană unt nesărat, topit
- 1 cană zahăr granulat
- 2 ouă mari
- 1 lingurita extract de vanilie
- 1 ½ cană de făină universală
- ¼ cană pudră de cacao
- 1 lingurita bicarbonat de sodiu
- ½ lingurita sare
- ½ cană chipsuri de ciocolată semidulce

PENTRU TOPING:
- 1 cană cireșe proaspete, fără sâmburi și tăiate la jumătate
- ¼ cană zahăr granulat
- ¼ cană apă
- 1 lingura amidon de porumb
- Frisca (pentru servire, optional)

INSTRUCȚIUNI:
a) Preîncălziți cuptorul la 350°F (175°C). Unge și făină o tavă de 9 x 5 inci.
b) Într-un castron, zdrobiți bananele coapte cu o furculiță până se omogenizează.
c) Într-un castron mare separat, amestecați untul topit și zahărul granulat până se combină bine.
d) Adăugați ouăle și extractul de vanilie la amestecul de unt și zahăr și amestecați până la omogenizare.
e) Într-un alt castron, cerne împreună făina universală, pudra de cacao, bicarbonatul de sodiu și sarea.
f) Adăugați treptat ingredientele uscate la ingredientele umede, amestecând până se combină. Nu amestecați în exces.
g) Încorporați ușor fulgii de ciocolată semidulce.
h) Turnați aluatul de pâine cu banane în tava de pâine pregătită.
i) Coacem in cuptorul preincalzit 60-70 de minute sau pana cand o scobitoare introdusa in centru iese curata.

j) În timp ce pâinea cu banane se coace, pregătiți toppingul. Într-o cratiță, combinați cireșele fără sâmburi și tăiate în jumătate, zahărul granulat și apa. Aduceți la fiert la foc mediu.
k) Într-un castron mic, amestecați amidonul de porumb cu o lingură de apă pentru a crea o pastă. Adăugați acest suspensie la amestecul de cireșe care fierbe și amestecați până când sosul se îngroașă. Se ia de pe foc si se lasa sa se raceasca.
l) Odată ce pâinea cu banane s-a copt, scoateți-o din cuptor și lăsați-o să se răcească în tavă aproximativ 10 minute înainte de a o transfera pe un grătar pentru a se răci complet.
m) Odată ce pâinea cu banane s-a răcit, puneți toppingul de cireșe peste pâine.
n) Opțional, serviți felii de Banana Bread cu o praf de frișcă.

15.Cirese si Fistic Ovaz

INGREDIENTE:
- 2 căni de ovăz de modă veche
- 2 ¼ cani de apa
- 2 ¼ cani de lapte
- ½ lingurita sare
- ¼ lingurita de nucsoara
- 1 lingura miere
- 1 lingura afine uscate
- 1 lingura cirese uscate
- 1 lingura fistic prajit

INSTRUCȚIUNI:
a) Adăugați toate ingredientele în Instant Pot, cu excepția merisoarelor, cireșelor și fisticului.
b) Asigurați capacul aragazului și apăsați tasta funcțională „Manual".
c) Reglați timpul la 6 minute și gătiți la presiune mare.
d) După semnal sonor, eliberați presiunea în mod natural și scoateți capacul.
e) Amestecați fulgii de ovăz pregătiți și serviți într-un castron.
f) Decorați cu merișoare, cireșe și fistic deasupra.

16. Brioșă englezească umplută cu cireșe

INGREDIENTE:
- 2 ouă mari
- ½ cană lapte de migdale vanilat neîndulcit
- 2 linguri sirop de arțar
- ¼ lingurita extract de vanilie
- 1 lingurita scortisoara macinata
- Suc de ½ lămâie
- 2 brioșe englezești din grâu integral, tăiate în cuburi de 1 inch
- ¼ cană nuci de macadamia
- ½ cană cireșe proaspete fără sâmburi
- sirop de arțar (opțional)

INSTRUCȚIUNI:
a) Preîncălziți cuptorul la 375 grade F (190 grade C).
b) Unge două rame cu spray de gătit antiaderent și pune-le deoparte.
c) Într-un castron, amestecați ouăle, laptele de migdale, siropul de arțar, extractul de vanilie, scorțișoara măcinată și sucul de lămâie.
d) Într-un alt castron, amestecați cuburile de brioșe englezești, nucile de macadamia și cireșele proaspete. Împărțiți acest amestec în mod egal între cele două rame pregătite.
e) Turnați amestecul de ouă peste brioșa englezească și amestecul de cireșe în ramekins.
f) Puneți ramekinele în cuptorul preîncălzit și coaceți timp de aproximativ 22 până la 25 de minute sau până când marginile încep să devină crocante și ceștile de pâine prăjită sunt așezate.

17. Scones cu cireșe Amaretto

INGREDIENTE:
- 2 căni de făină universală
- ½ cană zahăr
- 2 lingurite praf de copt
- ½ lingurita sare
- ½ cană de unt nesărat, răcit și tăiat cubulețe
- ½ cana cirese uscate, tocate
- ¼ cană migdale feliate
- ¼ cană amaretto
- ½ cană smântână groasă
- 1 ou, batut

INSTRUCȚIUNI:
a) Preîncălziți cuptorul la 375°F.
b) Într-un castron mare, amestecați făina, zahărul, praful de copt și sarea.
c) Cu ajutorul unui tăietor de patiserie sau cu degetele, tăiați untul în ingredientele uscate până când amestecul seamănă cu firimituri grosiere.
d) Se amestecă cireșele uscate și migdalele tăiate felii.
e) Într-un castron separat, amestecați amaretto, smântâna groasă și oul.
f) Turnați ingredientele umede peste ingredientele uscate și amestecați până când amestecul se oprește.
g) Întoarceți aluatul pe o suprafață tapetă cu făină și frământați ușor până se formează o minge unită.
h) Pat aluatul într-un cerc de aproximativ 1 inch grosime.
i) Tăiați cercul în 8 felii.
j) Asezam feliile pe o tava tapetata cu hartie de copt.
k) Ungeți blaturile scones-urilor cu puțină cremă în plus.
l) Coaceți 20-25 de minute, până când se rumenesc și sunt fierte.
m) Se serveste cald cu un strop de glazura amaretto (facut cu zahar pudra si amaretto).

18.Ovăz peste noapte cu cireșe lavandă

INGREDIENTE:
- 1 cană caju
- 2 ½ căni de apă
- ½ linguriță de lavandă culinară uscată
- 1 lingura zahar
- 1 lingurita suc proaspat de lamaie
- 1 lingurita extract pur de vanilie
- 1 cană de ovăz rulat
- 1 cană cireșe proaspete, fără sâmburi și tăiate la jumătate
- 2 linguri migdale feliate

INSTRUCȚIUNI:

a) Puneți caju și apă într-un blender de mare putere și faceți piure până când sunt foarte cremoase și netede. În funcție de puterea blenderului, acest lucru poate dura până la 5 minute.

b) Adăugați lavandă, zahăr, sucul de lămâie, extract de vanilie și un praf mic de sare. Pulsați pentru a combina, apoi strecurați folosind o strecurătoare cu plasă sau o pungă cu lapte de nuci.

c) Puneți laptele de caju-lavandă într-un castron și amestecați ovăzul. Se acoperă și se pune la frigider și se lasă la macerat 4-6 ore sau peste noapte.

d) Pentru a servi, puneți ovăz în două boluri și adăugați cireșe și migdale. Bucurați-vă!

19.Croissant cu covrigi umplut cu cireşe

INGREDIENTE:
- 2 croissante de covrigei proaspete
- 6 linguri de caș sau cremă de brânză
- 3 linguri sirop de arțar sau miere
- 1 lingurita suc de lamaie
- ½ linguriță extract de vanilie
- 1 cană căpșuni proaspete
- ½ cană cireșe proaspete

INSTRUCȚIUNI:
a) Spălați căpșunile și îndepărtați blaturile verzi. Tăiați-le în felii. Spălați cireșele, tăiați-le în jumătate și îndepărtați sâmburele. Se amestecă căpșunile și cireșele într-un castron cu 1 lingură de sirop de arțar și suc de lămâie.
b) Într-un castron separat, amestecați cașul cu 1 lingură de sirop de arțar și extractul de vanilie. Pentru o consistență mai cremoasă, adăugați 1-2 linguri de apă la amestec dacă doriți.
c) Tăiați cornurile cu covrigei în jumătate pe orizontală. Întindeți 3 linguri de amestec de vanilie pe jumătatea inferioară a fiecărui croissant.
d) Acoperiți amestecul de quark cu fructele amestecate, distribuindu-le uniform peste jumătățile de croissant.
e) Acoperiți fructele cu partea superioară a croissantului, creând un croissant de covrigi umplut delicios.
f) Dacă doriți, stropiți cu niște sirop de arțar sau miere suplimentar pe jumătatea superioară a croissantului pentru un plus de dulceață.
g) Servește imediat și bucură-te de acest delicios croissant de covrigi umplut cu căpșuni și cireșe pentru un mic dejun delicios care aduce aromele verii în rutina ta de dimineață.

20.Ciocolata calda cu visine

INGREDIENTE:
CIOCOLATĂ FIERBINTE:
- 1 cană lapte integral
- 2 linguri de zahar granulat
- 1 ½ linguriță pudră de cacao neîndulcită
- 1 lingura suc de cirese Amarena
- ½ linguriță extract pur de vanilie
- 1/16 linguriță sare de mare
- 1 ½ uncie 72% ciocolată neagră tocată

TOppinguri:
- 4 linguri smântână grea pentru frișcă bătută până la vârfuri moi
- 2 cireșe Amarena
- 2 lingurițe bucle de ciocolată neagră

INSTRUCȚIUNI:
a) Adăugați laptele, zahărul, pudra de cacao, sucul de cireșe, vanilia și sarea într-o cratiță mică la foc mediu și amestecați pentru a se combina.
b) Odată ce a fiert, amestecați ciocolata tocată.
c) Aduceți la fiert și gătiți până se îngroașă ușor, aproximativ 1 minut, amestecând constant.
d) Turnați în 2 căni și acoperiți fiecare cu jumătate din frișcă, 1 cireșă și 1 linguriță de bucle de ciocolată.
e) Serviți imediat.

21. Pâine prăjită cu cireşe

INGREDIENTE:
- 2 felii de pâine challah, feliate groase
- 2 oua
- 3 linguri jumatate si jumatate, sau lapte
- 6 linguri de zahar
- 3 linguri cacao Hershey, neindulcita
- 1 lingurita de vanilie
- 1 lingurita scortisoara, macinata
- 1 praf de sare
- 3 linguri crema de branza, sau frisca de branza

TOPPING PENTRU PÂINĂ PÂINĂ FRANCEZĂ
- 1 sticlă de sirop special de ciocolată neagră Hershey
- 1 borcan de conserve de vișine sau gem de vișine
- 1 borcan de griottine (cirese in kirsch)
- 1 cutie frisca
- ¼ c chipsuri de ciocolată semidulce

INSTRUCȚIUNI:

a) Luați un castron de dimensiune destul de mare pentru a pregăti un amestec pentru înmuiarea pâinei prăjite.

b) Adăugați ouăle și bateți-le. Apoi adăugați jumătate și jumătate, vanilie, scorțișoară, stevia și cacao Hershey.

c) Bateți toate acestea împreună. Va fi nevoie de puțină batere pentru a încorpora ciocolata, dar se va întâmpla după câteva minute.

d) Preîncălziți cuptorul la 350 sau folosiți un cuptor cu prăjitor de pâine.

e) Încinge uleiul sau untul într-o tigaie.

f) Acum luați o felie de pâine și scufundați-o în amestec pentru a se satura, întoarceți-o și obțineți și cealaltă parte. Repetați pentru cealaltă felie.

g) Scuturați excesul și puneți-l în tigaie pentru a găti. Gătiți până când ambele părți sunt maro frumoase și crocante.

h) Puneți o felie de pâine prăjită pe o farfurie și adăugați cu generozitate niște cremă de brânză și acoperiți cu niște fulgi de ciocolată.

i) Adăugați cealaltă felie de pâine prăjită deasupra. Acum, puneți cele 2 felii de pâine prăjită într-o tavă de copt și în cuptor/sau prăjitor de pâine timp de aproximativ 5 minute, până când chipsurile se topesc. Scoateți și placați.
j) Adăugați câteva dintre vișine peste pâine prăjită cu câteva linguri de lichid dulce. Adaugă frișca ta, adaugă 3 sau 4 Griottine și o lingură sau cam asa ceva de kirsch deasupra și stropește siropul tău de ciocolată Hershey peste tot pâinea prăjită.
k) Mai adaugă câteva fulgi de ciocolată... acum ești gata să mănânci cel mai decadent French Toast pe care l-ai mâncat vreodată. Savurați fiecare mușcătură!

22.Clatite cu migdale cirese

INGREDIENTE:
- 1½ cani de faina de migdale
- 1 lingurita praf de copt
- 1 lingurita bicarbonat de sodiu
- ¼ lingurita sare
- 2 ouă mari, bătute
- 1 lingura sirop de artar
- 1 lingurita extract de vanilie
- ½ cană de lapte de cocos plin de grăsime conservat
- ½ cană de cireșe dulci tăiate mărunt
- ¼ cană migdale feliate

INSTRUCȚIUNI:
a) Adăugați făina, praful de copt, bicarbonatul de sodiu și sarea într-un castron și amestecați pentru a se combina bine.
b) Într-un castron separat, bateți ouăle, siropul de arțar, vanilia și laptele de cocos.
c) Adăugați ingredientele umede la ingredientele uscate și amestecați pentru a le combina bine.
d) Acum amestecați cireșele și migdalele și amestecați până când totul se omogenizează bine.
e) Lăsați aluatul să se odihnească timp de 5 până la 10 minute. Acest lucru permite ca toate ingredientele să se reunească și conferă aluatului o consistență mai bună.
f) Pulverizați o tigaie antiaderentă sau grătar cu ulei vegetal și încălziți la foc mediu-mare.
g) Odată ce tigaia este fierbinte, adăugați aluatul folosind o cană de măsurare de ¼ de cană și turnați aluatul în tigaie pentru a face clătită. Utilizați cana de măsurare pentru a ajuta la modelarea clătitei.
h) Gătiți până când părțile laterale par întărite și se formează bule în mijloc (aproximativ 2 până la 3 minute), apoi întoarceți clătitele.
i) Odată ce clătitele sunt gătite pe acea parte, scoateți clătitele de pe foc și puneți-o pe o farfurie.
j) Continuați acești pași cu restul aluatului.

23. Vafe cu rachiu și cireșe

INGREDIENTE:
- 2 căni de făină universală
- 2 linguri de zahar granulat
- 1 lingura praf de copt
- ½ lingurita sare
- 2 ouă mari
- 1¾ cani de lapte
- ¼ cană unt nesărat, topit
- 2 linguri rachiu
- ½ cana cirese tocate (proaspete sau congelate)

INSTRUCȚIUNI:
a) Într-un castron, amestecați făina, zahărul, praful de copt și sarea.
b) Într-un castron separat, bate ouăle. Adăugați laptele, untul topit, rachiul și cireșele tocate. Bateți până se combină bine.
c) Turnați ingredientele umede în ingredientele uscate și amestecați până se omogenizează.
d) Preîncălziți fierul de vafe și ungeți-l ușor.
e) Turnați aluatul pe fierul de vafe preîncălzit și gătiți conform instrucțiunilor producătorului.
f) Serviți vafele cu rachiu de vișine cu o pudră de zahăr pudră și o praf de frișcă.

24. Pâine de ziua de naștere cu cireșe, nuci

INGREDIENTE:
- 2 căni de făină universală
- 1 lingurita praf de copt
- ½ lingurita de bicarbonat de sodiu
- ¼ lingurita sare
- ½ cană unt nesărat, înmuiat
- 1 cană zahăr granulat
- 2 ouă mari
- 1 lingurita extract de vanilie
- ½ cană de zară
- 1 cană cireșe proaspete sau congelate, fără sâmburi și tăiate la jumătate
- ½ ceasca de nuci tocate

GLAZĂ OPȚIONALĂ:
- 1 cană de zahăr pudră
- 1-2 linguri de lapte
- ½ linguriță extract de vanilie

INSTRUCȚIUNI:
a) Preîncălziți cuptorul la 180°C (350°F) și ungeți o tavă de 9 x 5 inci.
b) Într-un castron mediu, amestecați făina, praful de copt, bicarbonatul de sodiu și sarea. Pus deoparte.
c) Într-un castron mare, cremă untul înmuiat și zahărul granulat până devine ușor și pufos.
d) Adaugam ouale pe rand, batand bine dupa fiecare adaugare. Se amestecă extractul de vanilie.
e) Adăugați treptat ingredientele uscate în amestecul de unt, alternând cu zara. Începeți și terminați cu ingredientele uscate, amestecând până se combină.
f) Incorporati usor ciresele si nucile tocate pana se distribuie uniform in aluat.
g) Se toarnă aluatul în tava pregătită și se netezește blatul cu o spatulă.
h) Coacem in cuptorul preincalzit pentru aproximativ 50-60 de minute, sau pana cand o scobitoare introdusa in centru iese curata.

i) Scoatem painea din cuptor si o lasam sa se raceasca in tava aproximativ 10 minute. Apoi, transferați-l pe un grătar pentru a se răci complet.

GLAZĂ OPȚIONALĂ:

j) Într-un castron mic, amestecați zahărul pudră, laptele și extractul de vanilie până devine omogen și cremos. Reglați consistența adăugând mai mult lapte dacă este necesar.

k) Odată ce pâinea s-a răcit, picurați glazura deasupra, lăsând-o să picure pe părțile laterale.

25.Dulceata de cirese Gogoasa s

INGREDIENTE:
PENTRU ALUATUL de gogoși
- 250 g faina de paine alba tare
- 50 g zahăr tos plus 100 g pentru pudrat
- 5 g drojdie uscată
- 2 oua
- 60 g unt sărat, topit
- 2 litri ulei de floarea soarelui

PENTRU Umplutura
- 200 g dulceata de cirese
- 100 ml smantana dubla, batuta

PENTRU GLAURA
- 100 g zahar pudra, cernut
- 2 linguri pudră de cacao, cernută
- 50 g ciocolată simplă
- cirese proaspete (optional)

INSTRUCȚIUNI:
a) Puneți făina, zahărul, drojdia, ouăle și 125 ml apă caldă într-un mixer cu un cârlig de aluat sau o paletă și amestecați timp de 5 minute până când aluatul este foarte moale. Dacă nu aveți un mixer, puteți folosi un castron mare și puteți frământa manual (acest lucru poate dura până la 10 minute).

b) Lăsați aluatul să se odihnească un minut sau două în mixer sau bol în timp ce topiți untul, apoi porniți din nou mixerul și adăugați ușor untul topit într-un flux subțire. Se amestecă bine încă 5 minute până când aluatul devine lucios, neted și elastic și se desprinde de pe marginile vasului. Din nou, acest lucru se poate face manual, frământând untul în aluat.

c) Acoperiți vasul cu folie alimentară și lăsați-l deoparte într-un loc cald pentru a dova timp de 30 de minute până când își dublează volumul. După ce s-a dovedit, scoateți aluatul din bol, puneți-l pe o suprafață ușor înfăinată și frământați timp de 2 minute. Puneți aluatul înapoi în bol și acoperiți cu folie alimentară, apoi lăsați-l la frigider peste noapte.

d) A doua zi, scoatem aluatul de la frigider si il taiem in 10 bucati egale, framantandu-l cate putin si modeland-o in rondele. Puneți pe o tavă de copt ușor înfăinată, distanțată bine una de cealaltă, apoi acoperiți din nou cu folie alimentară ușor unsă și lăsați deoparte într-un loc cald să domine timp de 1-2 ore până când își dublează volumul.

e) Se toarnă uleiul într-o cratiță mare, astfel încât să fie plină pe jumătate, apoi se încălzește la 170°C folosind un termometru sau când o bucată mică de pâine devine aurie pal în 30 de secunde.

f) Pune 100 g zahăr tos într-un bol gata de pudrat, apoi pune gogoșile cu grijă în uleiul încins folosind o lingură cu fantă în grupuri de 2-3 și prăjește timp de 2 minute pe fiecare parte până se rumenește. Scoateți cu o lingură cu fantă și puneți direct în vasul cu zahăr, amestecând pentru a se acoperi, apoi aranjați pe un gratar de răcire.

g) În timp ce gogoșile se răcesc, puneți dulceața de cireșe într-un sac și frișca în celălalt și tăiați o gaură de 1 cm la capătul fiecărei pungi.

h) Luați o gogoașă răcită și faceți o mică incizie cu un cuțit ascuțit pe o parte, până în centrul gogoșii. Acum luați o linguriță și introduceți-o în gaură până când cana lingurii ajunge în centru, apoi răsuciți lingurița la 360 de grade și scoateți centrul aluatului; arunca.

i) Luați punga cu dulceață și introduceți aproximativ 1 lingură de dulceață în centru, apoi faceți același lucru cu smântâna, asigurându-vă că gogoșile sunt pline și pline de umplutură. Așezați-le înapoi pe grătarul de răcire.

j) Puneți ingredientele pentru glazură într-un castron mic cu 2-3 linguri de apă și amestecați bine până când glazura este groasă și lucioasă și acoperă spatele unei lingurițe. Stropiți fiecare gogoașă cu 1 lingură de glazură într-un model strâns în zig-zag.

k) Apoi, folosind un curățător de cartofi, rade așchii subțiri de ciocolată simplă de pe partea laterală a batonului pe o farfurie. Folosind o linguriță, presară așchii pe gogoși.

l) Serviți cu cireșe proaspete.

26. Biscotti cu cireșe

INGREDIENTE:
- 2 căni de făină universală
- 1 cană de zahăr
- ½ linguriță Praf de copt
- ½ lingurita Sare
- ¼ cană unt; tăiate în bucăți mici
- 1 cană migdale întregi; cotlet grosier
- 1 cană cireșe confiate întregi
- 2 ouă mari; ușor bătută
- ½ lingurita de vanilie
- 1 lingura lapte (optional)

INSTRUCȚIUNI:

a) Preîncălziți cuptorul la 350 de grade. Unge o tavă mare de copt.

b) Combinați făina, zahărul, praful de copt și sarea într-un castron. Tăiați în unt cu un blender de patiserie până se formează firimituri grosiere. Se amestecă migdalele și cireșele. Se amestecă ouăle și vanilia până se omogenizează bine. Dacă amestecul este uscat, se adaugă lapte.

c) Împărțiți amestecul în jumătate.

d) Pe o suprafață ușor înfăinată, cu mâinile înfăinate, presați aluatul împreună și modelați în doi bușteni de 10 inchi. Aplatizați la 2-½ inci lățime. Așezați buștenii pe foaia de copt pregătită.

e) Coaceți într-un cuptor la 350 de grade timp de 30 până la 35 de minute. Cu două spatule, transferați buștenii pe suport pentru a se răci timp de 20 de minute.

f) Cu un cuțit zimțat, tăiați fiecare buștean în diagonală în felii de ¾ inch grosime.

g) Reveniți pe foaia de copt. Coaceți timp de 15 minute sau până când prăjiturile sunt crocante și tari la atingere. Transferați pe un grătar pentru a se răci.

h) Păstrați într-un recipient ermetic până la 2 săptămâni.

27.Crêpe Toblerone cu cireșe brandiate

INGREDIENTE:
- 250 g cremă de brânză tartinabilă Philadelphia
- 100 g ciocolată cu lapte Toblerone, topită și răcită
- 1 pachet de crepe congelate, decongelate
- Cutie de 425 g de cireșe fără sâmburi în sirop
- 3 lingurite faina de porumb
- 2 linguri rachiu sau kirsch
- inghetata de vanilie, daca se doreste

INSTRUCȚIUNI:

a) Se amestecă Philly și ciocolata până devine omogen și pufos. Puneți crepurile pe o farfurie, acoperiți-le cu folie de plastic

b) Se încălzește în cuptorul cu microunde la putere maximă timp de 30-60 de secunde până când crepurile sunt încălzite. Îndoiți fiecare crep în jumătate, întindeți fiecare dintre jumătăți cu crema de ciocolată apoi pliați din nou astfel încât crepurile să fie tăiate în sferturi

c) Combinați puțin siropul de cireșe cu făina de porumb pentru a face o pastă apoi adăugați la cireșe cu țuică. Se fierbe într-o cratiță până când siropul s-a îngroșat. Lăsați răcirea

d) Puneți 2 crepe pe fiecare farfurie de servire și stropiți cu sosul de cireșe. Serviți imediat cu înghețată dacă doriți.

28. Crepe de cirese

INGREDIENTE:
- Crepe de ciocolată
- Kirsch sau sherry (opțional)
- 19 uncii de umplutură de plăcintă cu cireșe
- ¼ cană zahăr granulat
- ⅛ linguriță de nucșoară
- Frisca

INSTRUCȚIUNI:
a) Presărați crepele cu kirsch sau sherry.
b) Amestecați umplutura de plăcintă cu cireșe, zahărul și nucșoara.
c) Se pun aproximativ 2 linguri aproape de o parte a crepei. Roll.
d) Permiteți 2 per porție. Așezați pe o farfurie cu marginea în jos.
e) Acoperiți cu frișcă.

29. Cafea cu cireșe

INGREDIENTE:
- 6 uncii de cafea proaspăt preparată
- 2 linguri sirop de ciocolata
- 1 lingura suc de cirese Maraschino
- Frisca
- Ciocolata ras
- cireșe maraschino

INSTRUCȚIUNI:
- Combinați cafeaua, siropul de ciocolată și sucul de cireșe într-o ceașcă. Amesteca bine.
- Acoperiți cu frișcă de ciocolată și cireșe sau 2.

30.Chiflă de ciocolată cu cireșe s

INGREDIENTE:

ALUAT:
- 1 ½ linguriță drojdie uscată activă
- 1 ¾ cană de lapte de cocos plin de grăsime cald, dar nu fierbinte
- ¾ lingurita sare
- 2 ½ linguri ulei plus mai mult pentru unge tava
- ⅔ cană zahăr
- 4 ¼ cani de faina plus mai mult pentru suprafata de lucru

UMPLERE:
- 2 linguri ulei de cocos
- 2 ½ căni de cireșe proaspete fără sâmburi și tăiate în jumătate
- ½ cană zahăr
- 1 lingurita extract de vanilie
- un praf de scortisoara optional
- ¼ lingurita sare
- 1 cană chipsuri de ciocolată semidulce fără lactate

GLAZURĂ:
- 2 căni de zahăr pudră
- ⅓ cană cremă de cocos
- ¼ cană pudră de cacao
- 1 lingurita extract de vanilie
- vârf de cuțit de sare

INSTRUCȚIUNI:

a) În bolul unui mixer cu stand (sau într-un castron mare), dizolvați drojdia în lapte și lăsați să stea aproximativ 5 minute până când devine clocotită. Se amestecă zahărul, uleiul și sarea până se combină.

b) Adăugați făină câte o ceașcă până când aluatul se oprește și începe să se desprindă de pe marginile vasului.

c) Acoperiți vasul cu un prosop umed sau folie de plastic și puneți-l într-un loc cald să crească până își dublează volumul.

d) Între timp, faceți umplutura. Combinați cireșele, untul, sarea și zahărul într-o cratiță medie la foc mediu-mic.

e) Aduceți amestecul la fierbere moale, amestecând ușor și gătiți timp de 10-12 minute până când sosul începe să se îngroașe suficient pentru a acoperi spatele unei linguri.
f) Se ia de pe foc si se adauga vanilia si scortisoara, apoi se lasa deoparte. Ungeți o tavă de sticlă de 13x9 inci și puneți câteva linguri de sos de la cireșe în tigaie.
g) Împărțiți aluatul în jumătate și întindeți o jumătate pe o suprafață ușor făinată într-un dreptunghi, de aproximativ ¼ inch grosime. Întindeți jumătate din umplutura de cireșe într-un strat uniform deasupra și presărați cu ½ cană de fulgi de ciocolată.
h) Începând de la capătul scurt, rulați-l până când aveți un fel de jurnal.
i) Apoi, folosind un cuțit ascuțit, tăiați în 6 (sau 7 spirale dacă folosiți o tigaie rotundă) și puneți în tava pregătită (spirala cu fața în sus). Repetați cu încă o jumătate de aluat până obțineți 12 rulouri. Acoperiți tigăile și lăsați-le să crească în timp ce cuptorul se preîncălzește.
j) Preîncălziți cuptorul la 350 de grade F (175 C). Coaceți 30-40 de minute până când marginile încep să se rumenească. Scoateți tava(țile) din cuptor și lăsați-le să se răcească aproximativ 5 minute înainte de servire.
k) Pentru glazură, amestecați ingredientele într-un castron mediu până când se îngroașă și netedă. Serviți deasupra chiflelor calde.

Gustări

31. Trufe de ciocolată umplute cu cireșe

INGREDIENTE:
- 8 uncii de ciocolată neagră, tocată
- ½ cană smântână groasă
- 12 cireșe maraschino, scurse și uscate
- Pudră de cacao pentru praf

INSTRUCȚIUNI:
a) Se încălzește smântâna grea până se încinge, dar nu dă în clocot.
b) Se toarna peste ciocolata tocata si se amesteca pana se omogenizeaza.
c) Puneți o cireșă maraschino în interiorul fiecărei trufe.
d) Se formează bile, se rulează în pudră de cacao și se dă la frigider până se fixează.

32. Batoane de cireșe

INGREDIENTE:
- 3 conserve de 21 uncii de umplutură de plăcintă cu cireșe, împărțite
- 18-½ uncii pachet. amestec de tort de ciocolata
- ¼ c. ulei
- 3 oua, batute
- ¼ c. coniac cu aromă de cireșe sau suc de cireșe
- pachet de 6 uncii. chipsuri de ciocolată semidulce
- Opțional: topping bătut

INSTRUCȚIUNI:
a) Dă la frigider 2 cutii de umplutură de plăcintă până se răcesc. Folosind un mixer electric la viteză mică, amestecați cutia rămasă de umplutură pentru plăcintă, amestecul uscat de prăjitură, uleiul, ouăle și sucul de coniac sau de cireșe până se amestecă bine.
b) Se amestecă fulgi de ciocolată.
c) Turnați aluatul într-o tavă de copt de 13" x 9" ușor unsă. Coaceți la 350 de grade timp de 25 până la 30 de minute, până când o scobitoare este curată; frig. Înainte de servire, întindeți umplutura de plăcintă răcită uniform deasupra.
d) Tăiați în batoane și serviți cu topping bătut, dacă doriți. Se servește 10 până la 12.

33. Cupcakes Cherry Malt Bliss

INGREDIENTE:
CUPCAKES:
- 3 ½ căni de făină universală
- 1 ¼ cană de zahăr tos superfin
- 3 lingurite praf de copt
- ½ linguriță sare fină
- ½ cană unt nesărat, înmuiat
- 2 ouă mari
- ¾ cană lapte integral
- ⅔ cană suc de cireșe din cireșe conservate
- ½ cană ulei vegetal
- 2 linguri iaurt grecesc sau smantana
- 1 lingurita extract de vanilie sau pasta de boabe de vanilie
- 250 g cirese conservate
- Sos de ciocolata
- cireșe maraschino
- 2 picături de gel alimentar roz
- 1 picătură de gel alimentar violet
- ½ linguriță esență de brandy de cireșe
- 4 linguri praf de malț

GLAZURĂ:
- 1 lot de glazură Fluffy Vanilla Buttercream
- 2 picături de colorant alimentar violet
- ½ linguriță esență de brandy de cireșe

INSTRUCȚIUNI:
CUPCAKES:
a) Preîncălziți cuptorul la 160°C (320°F) sau 180°C (356°F) pentru un cuptor convențional. Tapetați o formă de cupcake cu folii de cupcake.
b) În vasul unui mixer cu suport prevăzut cu accesoriul cu paletă, combinați ingredientele uscate (făină, zahăr tos, praf de copt și sare) și amestecați la viteză mică.
c) Într-o cană mare separată, amestecați sucul de cireșe, laptele, ouăle, iaurtul, uleiul și extractul de vanilie până se combină bine.

d) Adăugați treptat ingredientele umede la ingredientele uscate într-un flux lent și constant în timp ce amestecați până când nu sunt vizibile ingrediente uscate. Răzuiți bolul.
e) Adăugați în aluat esența de coniac de cireșe, colorantul alimentar roz și violet și pudra de malț și amestecați încă 20 de secunde.
f) Puneți 4 cireșe în partea de jos a fiecărei căptușeală de cupcake, apoi introduceți aluatul în căptușeală, umplându-le aproximativ ¾ din timp.
g) Coaceți 20-25 de minute sau până când o scobitoare introdusă în centru iese curată. Lăsați cupcakes-urile să se răcească complet pe un grătar de răcire înainte de a îngheța.

GLAZURĂ:
h) Pregătiți un lot de glazură Fluffy Vanilla Buttercream.
i) Adăugați atât coloranții alimentari, cât și esența de coniac de cireșe la glazură și amestecați până se omogenizează bine.

ASAMBLARE:
j) Puneți capătul unei pungi cu vârful stea deschis și înghețați fiecare cupcake într-un vârtej.
k) Stropiți sos de ciocolată peste glazură.
l) Înghețați un alt vârtej deasupra utilizând un vârf.
m) Acoperiți fiecare cupcake cu o cireșă maraschino.

34. scurte cu cireşe

INGREDIENTE:
- 2 căni de făină universală
- ¼ cană zahăr granulat
- 1 lingura praf de copt
- ½ lingurita sare
- ½ cană de unt rece, nesarat, tăiat cubulețe
- ½ cană lapte
- 2 căni de cireșe proaspete, fără sâmburi și tăiate la jumătate
- ¼ cană zahăr granulat (pentru cireșe)
- Frisca sau inghetata de vanilie, pentru servire

INSTRUCȚIUNI:
a) Preîncălziți cuptorul la 425°F (220°C).
b) Într-un castron mare, amestecați făina, zahărul, praful de copt și sarea.
c) Adăugați untul rece în amestecul de făină și tăiați-l cu un tăietor de patiserie sau cu degetele până când amestecul seamănă cu firimituri grosiere.
d) Se toarnă laptele și se amestecă până când aluatul se îmbină.
e) Întoarceți aluatul pe o suprafață ușor înfăinată și frământați-l ușor de câteva ori. Rulați aluatul într-o formă dreptunghiulară, de aproximativ ¼ inch grosime.
f) Într-un castron, amestecați cireșele cu ¼ de cană de zahăr până se îmbracă.
g) Întindeți cireșele uniform peste aluat. Rulați strâns aluatul, începând de la una dintre marginile lungi, pentru a crea o formă de roată.
h) Tăiați aluatul rulat în prăjituri individuale și așezați-le pe o tavă de copt tapetată cu hârtie de copt.
i) Coaceți 12-15 minute sau până când devin maro auriu și cireșele sunt clocotite.
j) Lăsați prăjiturile să se răcească puțin înainte de servire. Se serveste cu frisca sau cu inghetata de vanilie.

35.Quinoa cu cireșe bar

INGREDIENTE:
- Spray de gătit antiaderent
- 2 linguri de ovăz cu gătit rapid
- 2 linguri de quinoa fiartă
- 2 linguri fistic tocat marunt
- 2 linguri cirese uscate indulcite
- 2 linguri ulei vegetal
- 2 linguri miere
- ¼ linguriță sare kosher

INSTRUCȚIUNI:
a) Pulverizați interiorul unei căni de 12 uncii cu spray de gătit.
b) Se amestecă toate ingredientele într-un castron, apoi se toarnă în cană.
c) Acoperiți și puneți la microunde până când ovăzul este fiert, aproximativ 3 minute.
d) Turnați amestecul fierbinte pe o bucată de pergament, modelând-o într-un baton tradițional dreptunghiular sau îngust.
e) Răciți până la rece și solid, 30 de minute sau mai mult.

36. Ciocolată neagră cireșe

INGREDIENTE:
- 1 cană unt cremos de nuci (de exemplu, unt de migdale, unt de caju)
- ¼ cană miere sau sirop de arțar
- ¼ cană ulei de cocos topit
- 2 căni de ovăz rulat
- ½ cană cireșe uscate
- ½ cană chipsuri de ciocolată neagră

INSTRUCȚIUNI:
a) Într-un castron, combinați untul de nuci, mierea (sau siropul de arțar) și uleiul de cocos topit până se amestecă bine.
b) Se amestecă fulgi de ovăz, cireșe uscate și chipsuri de ciocolată neagră.
c) Puneți linguri de amestec pe o foaie de copt căptușită sau în pahare pentru mini brioșe.
d) Se da la frigider pentru cel putin 1 ora pentru a se intari.

37. Bile de rom de cireșe

INGREDIENTE:
- 2 căni de fursecuri cu napolitană de vanilie zdrobită
- 1 cană de zahăr pudră
- 1 cana nuci tocate
- 1 cana cirese uscate, tocate
- 2 linguri pudra de cacao
- ¼ cană rom
- 2 linguri sirop de porumb usor
- Zahăr pudră suplimentar pentru rulare

INSTRUCȚIUNI:
a) Într-un castron mare, combinați fursecurile de napolitană de vanilie zdrobite, zahărul pudră, nucile mărunțite, cireșele uscate și pudra de cacao.
b) Adăugați romul și siropul ușor de porumb în amestec și amestecați bine până când totul este bine combinat.
c) Luați porții mici din amestec și rulați-le în bile de 1 inch folosind mâinile.
d) Rulați biluțele în zahăr pudră pentru a le acoperi uniform.
e) Asezam bilele de rom pe o tava tapetata cu hartie de copt.
f) Dați bilele de rom la frigider pentru cel puțin 2 ore sau până când sunt ferme.
g) Odată ce s-au răcit și se fixează, transferați bilele de rom într-un recipient ermetic pentru depozitare. Se pot păstra la frigider până la 2 săptămâni.

38. Cireşe acoperite cu ciocolată neagră

INGREDIENTE:
- 40 uncii de cireșe maraschino cu tulpini, scurse
- 1 ¾ cană de rom condimentat mai mult sau mai puțin pentru a acoperi cireșele
- 1 ½ cană de ciocolată neagră
- 1 lingurita de scurtator optional, poate sa nu fie nevoie
- ½ cană de zahăr de șlefuit

INSTRUCȚIUNI:
a) Scurgeți cireșele, rezervând sucul pentru alt scop. Nu va fi folosit în această rețetă, dar este grozav pentru cocktailuri și multe altele.
b) Puneți cireșele într-un borcan de zidărie de dimensiunea unui quart sau alt recipient. Acoperiți complet cu rom condimentat. Sigilați și lăsați la frigider pentru cel puțin 24 de ore, până la 72 de ore. Cu cât cireșele stau mai mult în rom, cu atât vor avea un gust mai puternic.
c) Apoi, scurgeți cireșele înmuiate cu rom. Păstrați acest rom infuzat cu cireșe. Este atât de bun pentru cocktailuri. Puneți cireșele pe straturi de prosoape de hârtie timp de 10 minute. Acest pas asigură că stratul de ciocolată se va lipi de fructe.
d) Tapetați o tavă sau un platou cu hârtie de copt. Puneți zahărul decorativ într-un vas sau castron puțin adânc.
e) Topiți ciocolata neagră conform instrucțiunilor de pe ambalaj. Folosiți un castron mic suficient de adânc pentru a înmuia cireșele.
f) Dacă ciocolata este prea groasă, amestecați aproximativ o linguriță de scurtator până se topește și ciocolata este netedă.
g) În timp ce ciocolata este caldă, înmuiați cireșele pe rând. Mai întâi, scufundă-te în ciocolată, apoi în zahăr.
h) Puneți cireșele scufundate pe pergamentul pregătit. Când ați terminat de scufundat toate cireșele, dați la frigider până se întăresc.

39. Turnover-uri de cireșe

INGREDIENTE:
- Pachet de 17¼ uncii de aluat foietaj congelat dezghețat
- Cutie de 21 uncii de umplutură de plăcintă cu cireșe, scursă
- 1 cană de zahăr pudră
- 2 linguri de apa

INSTRUCȚIUNI:
a) Separați foile de foietaj și tăiați fiecare în 4 pătrate.
b) Împărțiți uniform umplutura de plăcintă în pătrate.
c) Ungeți marginile de patiserie cu apă și îndoiți în jumătate în diagonală.
d) Sigilați și sertiți marginile cu o furculiță. Cu un cuțit, faceți o mică fante în vârful turnover-urilor pentru a se ventila.
e) Coaceți pe o foaie de copt neunsă la 400 de grade timp de 15 până la 18 minute, până când sunt umflate și aurii. Se lasa sa se raceasca putin.
f) Amesteca zaharul pudra si apa; stropiți peste turnover-uri calde.

40. Frijituri cu cireşe cu rom

INGREDIENTE:
- ½ cană făină universală
- 2 linguri zahăr cofetar
- ¼ lingurita Sare
- 1 kg Cireşe cu tulpini
- Zahăr de cofetar
- 2 oua; separat
- 2 linguri Rom
- ½ cană unt clarificat
- ½ cană ulei vegetal

INSTRUCȚIUNI:
a) Într-un castron mediu, amestecați făina, gălbenușurile de ou, 2 linguri de zahăr de cofetă, romul și sarea pentru a forma un aluat fin.
b) Acoperiți și lăsați să stea 1 până la 2 ore.
c) Bateți albușurile spumă până devin tari și pliați-le în aluat.
d) Încinge untul și uleiul vegetal într-o tigaie mare la 360 de grade F., apoi dai focul la mic.
e) Înmuiați cireșele în aluat și puneți-le în ulei încins
f) Se prăjesc timp de 3 minute, sau până când sunt aurii
g) Scoateți cireșele.
h) Înmuiați-le în zahăr cofetar și serviți.

41. Popcorn cu cireşe

INGREDIENTE:
- 2 ½ sferturi de floricele de porumb, cu aromă de unt
- 1 pachet gelatină cu aromă de cireșe

INSTRUCȚIUNI:
a) Pune floricele într-un castron foarte mare și stropește ușor ulei cu aromă de unt.
b) Se presară cu gelatină. Pune la cuptorul la 350 de grade timp de cinci minute.
c) Gelatina se va dizolva ușor și se va lipi de floricele de porumb.

42. Mix de trasee de cireșe

INGREDIENTE:
- 1 cană chipsuri de ciocolată neagră
- 1 cană de afine uscate
- 1 cană cireșe uscate
- 1 cana alune prajite sarate
- 1 cană migdale întregi sărate
- 1 cană de caju prăjite sărate întregi, nu bucăți
- 1 cană alune de pădure numite și alune

INSTRUCȚIUNI:
a) Într-un castron mare, combinați toate ingredientele și amestecați până se amestecă uniform.
b) Păstrați amestecul de urme într-un recipient etanș timp de până la o lună.

43.Pufurile cu crema de cirese

INGREDIENTE:
- ½ cană lapte
- ½ cană apă
- ½ cană de unt
- 1 cană făină universală
- 5 ouă
- 5 căni congelate, neîndulcite, fără sâmburi, cireșe roșii, dezghețate
- Apă
- 1 cană zahăr
- ¼ cană amidon de porumb
- ¼ cană kirsch (lichior de cireșe) sau suc de portocale
- 3 picături de colorant alimentar roșu
- 1 lingura de vanilie
- 2 uncii de ciocolată semidulce, topită și răcită
- 1 cană smântână pentru frișcă, bătută

INSTRUCȚIUNI:

a) Pentru smântână, într-o cratiță medie, combinați laptele, apa și untul. Se aduce la fierbere. Adăugați făina universală dintr-o dată, amestecând energic. Gatiti si amestecati pana cand amestecul formeaza o bila care nu se desparte. Scoateți cratita de pe foc. Răciți amestecul de smântână timp de 5 minute. Se adauga ouale, pe rand, batand cu o lingura de lemn dupa fiecare adaugare pana se omogenizeaza.

b) Puneți aluatul prin grămadă de linguri pe o foaie de copt unsă pentru un total de 12 pufuri de cremă.

c) Coaceți într-un cuptor la 400 de grade F pentru aproximativ 30 de minute sau până când devin aurii. Pufurile răcoritoare pe un grătar. Împărțiți pufuletele și îndepărtați orice aluat moale din interior.

d) Între timp, pentru umplutura de cireșe, puneți cireșele dezghețate într-o sită peste o cană de măsurat de 2 căni; scurgeți cireșele, rezervând sucul de cireșe. Adăugați suficientă apă în sucul de cireșe rezervat pentru a face lichide 2 căni; pune cireșele deoparte.

e) Într-o cratiță mare, amestecați zahărul și amidonul de porumb. Se amestecă amestecul de suc de cireșe, kirsch și colorantul alimentar roșu. Gatiti si amestecati la foc mediu pana se ingroasa si clocotesc. Gatiti si amestecati inca 2 minute. Se ia de pe foc; se amestecă vanilia și cireșele. Acoperiți și lăsați la frigider pentru aproximativ 2 ore sau până când se răcește bine.

f) Pentru asamblare, puneți cu lingură umplutură de cireșe în pufurile. Stropiți pufuletele cu ciocolată topită. Se serveste cu frisca.

44. Mușcături de brownie cu cireșe

INGREDIENTE:
- ½ cană unt nesărat
- 3 uncii de ciocolată semidulce, tocată
- 1 cană zahăr granulat
- ¼ cană pudră de cacao
- 2 oua
- 1 lingurita extract de vanilie
- ½ cană făină universală
- ½ linguriță sare
- ¾ cană umplutură de plăcintă cu cireșe
- ⅓ cană smântână pentru frișcă 35%.
- 2 linguri de zahar pudra

INSTRUCȚIUNI:
a) Preîncălziți cuptorul la 350°F (180°C).
b) Ungeți o tavă de brioșe cu 24 de mini și pudrați cu pudră de cacao; pus deoparte.
c) Topiți untul și ciocolata într-un castron rezistent la căldură pus peste apă abia fiartă, amestecând din când în când. Se ia de pe foc. Se amestecă zahărul și pudra de cacao. Se răcește ușor.
d) Se amestecă ouăle în amestecul de ciocolată, pe rând, până se combină bine. Se amestecă vanilia. Într-un castron separat, amestecați făina și sarea până se omogenizează. Se amestecă în amestecul de ciocolată.
e) Se pune uniform în tava pregătită. Coaceți timp de 18 până la 20 de minute sau până când doar câteva firimituri umede se lipesc de o scobitoare când sunt introduse în centrul brownie-ului.
f) Se lasa sa se raceasca complet in tava. Scoateți din tigaie. Când este gata de servire, bateți smântâna și zahărul pudră cu bătăi electrice până ține vârfuri tari. Acoperiți fiecare uniform cu frișcă și umplutura rămasă de plăcintă cu cireșe. Serviți imediat.

45.Dulciuri crocante de orez cu vin și cireșe

INGREDIENTE:
- 3 linguri de unt
- 4 căni de mini-marshmallows
- ½ cană de vin de cireșe Pennsylvania
- 5 căni de cereale de orez umflat
- ½ ceasca de cirese uscate tocate
- ¼ cană chipsuri de ciocolată semidulce

INSTRUCȚIUNI:

a) Tapetați o foaie de copt cu hârtie de copt. Pulverizati cu ulei de gatit.

b) Într-o cratiță medie, la foc mediu, topește untul. Adăugați marshmallows și amestecați până se topesc.

c) Se ia de pe foc si se adauga vinul si cerealele. Se amestecă până când se combină și marshmallow-ul este distribuit.

d) Adăugați cireșe uscate și fulgi de ciocolată și amestecați până se încorporează complet. Se toarnă într-o tavă pregătită, se acoperă cu hârtie de copt și se da la rece. Tăiați și serviți.

46. Bile energetice de cireșe

INGREDIENTE:
- 200 g curmale fără sâmburi
- 1 cană migdale măcinate
- ¾ cană nucă de cocos deshidratată
- ½ cană de ovăz
- 2 linguri pudra de cacao
- 2 linguri ulei de cocos
- 1 lingura sirop de artar
- 20 g cireșe întregi liofilizate, mărunțite

INSTRUCȚIUNI:
a) Aduceți un fierbător plin la fierbere
b) Pune curmalele într-un vas mediu rezistent la căldură și acoperă cu apă clocotită. Se lasa cam 10 minute, pana incepe sa se inmoaie. Scurgeți bine.
c) Combinați migdalele măcinate, nuca de cocos deshidratată, ovăzul și pudra de cacao într-un blender cu curmale înmuiate, ulei de cocos și sirop de arțar. Se amestecă timp de 2-3 minute, până se omogenizează.
d) Rulați amestecul în bile cât o lingură cu mâinile umede curate și puneți-le pe o farfurie/tavă. Pune la frigider aproximativ 30 de minute pentru a se întări.
e) Folosind mâini curate și uscate, prăbușiți cireșele liofilizate pe o farfurie. Rulați ușor bilele energetice în crumble de cireșe.

47. Biscuiți cu cireșe

INGREDIENTE:
- 2 ¼ căni de făină universală
- ½ cană pudră de cacao proces olandeză
- ½ linguriță Praf de copt
- ½ lingurita de bicarbonat de sodiu
- 1 lingurita Sare
- 1 cană unt nesărat topit și răcit
- ¾ cană zahăr brun ambalat ușor sau închis
- ¾ cană zahăr granulat alb
- 1 lingurita extract pur de vanilie
- 2 ouă mari la temperatura camerei
- 1 cană chipsuri de ciocolată albă
- ½ cană chipsuri de ciocolată semidulce
- 1 cană cireșe proaspete Spălate, fără sâmburi și tăiate în sferturi

INSTRUCȚIUNI:
a) Topiți untul în cuptorul cu microunde și lăsați-l să se răcească 10-15 minute până ajunge la temperatura camerei. Pregătiți cireșele și tăiați-le în sferturi mici.
b) 1 cană unt nesărat, 1 cană cireșe proaspete
c) Preîncălziți cuptorul la 350°F. Tapetați două foi de biscuiți cu hârtie de copt. Pus deoparte.
d) Într-un castron mediu, amestecați făina, pudra de cacao, praful de copt, bicarbonatul de sodiu și sarea. Pus deoparte.
e) 2 ¼ cani de făină universală, ½ cană Pudră de cacao neîndulcită, ½ linguriță Praf de copt, ½ linguriță Bicarbonat de sodiu, 1 linguriță Sare
f) Într-un castron mare, adăugați untul topit, zahărul brun, zahărul, vanilia și ouăle. Folosiți o spatulă de cauciuc pentru a amesteca până la omogenizare.
g) 1 cană unt nesărat, ¾ cană zahăr brun, ¾ cană zahăr granulat alb, 1 linguriță extract pur de vanilie, 2 ouă mari
h) Adăugați ingredientele uscate și amestecați până se omogenizează. Va fi un aluat moale. Adăugați chipsurile de ciocolată albă, chipsurile de ciocolată și cireșele proaspete.

i) 1 cană chipsuri de ciocolată albă, ½ cană chipsuri de ciocolată semidulce, 1 cană cireșe proaspete
j) Utilizați o linguriță mare pentru prăjituri (3 uncii) pentru a scoate aluatul. Puneți 6 bile de aluat de prăjituri pe foaie de biscuiți.
k) Coaceți câte o foaie de biscuiți. Se coace 13-15 minute. În timp ce este cald, acoperiți cu fulgi suplimentare de ciocolată și ciocolată albă.
l) Lăsați prăjitura să stea pe tigaia fierbinte timp de 10 minute. Apoi, transferați pe un grătar pentru a se răci.

48. Dulciuri crocante de orez cu vin și cireșe

INGREDIENTE:
- 3 linguri de unt
- 4 căni de mini-marshmallows
- ½ cană de vin de cireșe Pennsylvania
- 5 căni de cereale de orez umflat
- ½ ceasca de cirese uscate tocate
- ¼ cană chipsuri de ciocolată semidulce

INSTRUCȚIUNI:
a) Tapetați o foaie de copt cu hârtie de copt. Pulverizati cu ulei de gatit.
b) Într-o cratiță medie, la foc mediu, topește untul. Adăugați marshmallows și amestecați până se topesc.
c) Se ia de pe foc si se adauga vinul si cerealele. Se amestecă până când se combină și marshmallow-ul este distribuit.
d) Adăugați cireșe uscate și fulgi de ciocolată și amestecați până se încorporează complet. Se toarnă într-o tavă pregătită, se acoperă cu hârtie de copt și se da la rece. Tăiați și serviți.

DESERT

49. Cheesecake cu cireșe cu glazură roșie în oglindă

INGREDIENTE:
PENTRU CHEESECECE:
- 150 g cireșe, fără sâmburi, plus o cireșă întregă în plus pentru garnitură
- Suc de ½ lămâie
- 150 g zahăr tos
- 300 g ciocolată albă, ruptă în bucăți
- 600 g crema de branza Philadelphia, la temperatura camerei
- 300ml smantana dubla, la temperatura camerei
- 1 lingurita extract de vanilie

PENTRU BAZĂ:
- 75g unt nesarat, topit, plus extra pentru uns
- 175 g biscuiti digestivi

PENTRU GLAZURI:
- 4 frunze de gelatină de calitate platină (Dr. Oetker)
- 225 g zahăr tos
- 175 ml smantana dubla
- 100 g ciocolata alba, tocata marunt
- 1 lingurita gel colorant alimentar rosu

INSTRUCȚIUNI:
PREGĂTIREA CHEESECECEC-ului:

a) Ungeți ușor baza și părțile laterale ale unei forme arcuite de 20 cm. Desprindeți baza și puneți peste ea un cerc de hârtie de copt de 30 cm lățime.

b) Reatasați baza căptușită în tavă, asigurându-vă că excesul de hârtie se prelungește dedesubt pentru servire ușoară. Tapetați părțile laterale cu o fâșie de hârtie de copt.

c) Într-un robot de bucătărie, combinați cireșele, sucul de lămâie și 75 g de zahăr tos.

d) Amestecați până devine destul de omogen. Transferați amestecul într-o cratiță medie, aduceți la fierbere, apoi reduceți focul și fierbeți timp de 4-5 minute până când devine groasă și însiropată. Lăsați-l să se răcească complet.

CREAREA BAZEI:

e) Zdrobiți biscuiții digestivi într-un castron curat al robotului de bucătărie până seamănă cu pesmetul fin. Transferați într-un castron și amestecați untul topit.
f) Apăsați amestecul în tava pregătită pentru a crea o bază fermă și uniformă. Se da la frigider pentru cel putin 20 de minute.

PREGĂTIREA Umpluturii de cheesecake:
g) Topiți ciocolata albă într-un castron rezistent la căldură peste apă fiartă. Se lasă deoparte să se răcească la temperatura camerei cât încă se poate turna.
h) Într-un castron mare, bateți crema de brânză până la omogenizare. Adăugați smântâna, zahărul tos rămas și extractul de vanilie. Se bate până se îngroașă ușor. Încorporați ciocolata albă răcită.
i) Se toarnă jumătate din amestecul de cremă de brânză peste baza răcită. Peste ea se pune gemul de cireșe și se învârte în umplutură cu o frigărui. Turnați amestecul de brânză cu cremă rămasă peste gem, asigurându-vă că blatul este neted. Atingeți tava pentru a îndepărta bulele de aer și lăsați-l la frigider pentru cel puțin 4 ore până când se fixează.

Efectuarea glazurei din oglindă:
j) Înmuiați frunzele de gelatină într-un vas cu apă rece pentru câteva minute.
k) Într-o cratiță, amestecați zahărul și 120 ml de apă proaspăt fiartă. Se încălzește la foc ușor, amestecând până se dizolvă zahărul. Se aduce la fierbere și se fierbe timp de 2 minute. Se amestecă smântâna și se mai fierbe încă 2 minute. Se ia de pe foc, se stoarce excesul de apa din frunzele de gelatina inmuiate si se adauga in crema, amestecand pana se dizolva.
l) Lăsați amestecul de smântână să se răcească timp de 4-5 minute. Se amestecă ciocolata albă. Adăugați gelul colorant alimentar roșu și amestecați până se încorporează bine.
m) Se strecoară glazura printr-o sită într-un castron mare. Se lasa sa se raceasca 15-20 de minute pana la temperatura camerei, amestecand din cand in cand pentru a preveni formarea pielii. Glazura trebuie sa aiba o consistenta ca o crema dubla.

GLAZAREA CHEESECECEC-ului:

n) Scoateți cu grijă cheesecake-ul din formă, îndepărtați hârtia de copt și puneți-o pe un grătar cu o tavă dedesubt. Treceți un cuțit de paletă fierbinte peste suprafață pentru a o netezi, apoi turnați două treimi din glazura răcită peste ea pentru a o acoperi complet. Dă la frigider 10 minute pentru a se întări.
o) Dacă este necesar, încălziți glazura rămasă și cerneți-o din nou înainte de a aplica un al doilea strat pe cheesecake. Acoperiți cu o cireșă și dați la frigider pentru 5-10 minute până când se fixează. Serviți direct de pe suport sau transferați pe o farfurie folosind un cuțit de paletă sau un ridicător de tort. Bucurați-vă!

50. Plăcintă crocantă cu cireșe și alune

INGREDIENTE:
- ½ pachet (10 uncii) amestec de crustă de plăcintă
- ¼ cană zahăr brun deschis la pachet
- ¾ cană alune prăjite, tocate
- 1 uncie de ciocolată semidulce rasă
- 4 lingurite Apa
- 1 lingurita de vanilie
- 8 uncii de cireșe roșii maraschino
- 2 lingurițe amidon de porumb
- ¼ cană apă
- 1 lingura de sare
- 1 lingură Kirsch (opțional)
- 1 litru de inghetata de vanilie

INSTRUCȚIUNI:

a) Combinați (½ pachet) amestecul de crustă de plăcintă cu zahăr, nuci și ciocolată folosind un blender de patiserie. Se amestecă apa cu vanilie.

b) Se presara peste amestecul de pesmet si se amesteca pana se omogenizeaza bine. Se transformă într-o farfurie de plăcintă de 9 inci bine unsă; apăsați bine amestecul pe fund și pe lateral.

c) Coaceți în cuptorul 375 timp de 15 minute. Se răcește pe grătar.

d) Acoperiți și lăsați să stea câteva ore sau peste noapte. Scurgeți cireșele, rezervând siropul. Tăiați cireșe grosier.

e) Amestecați siropul cu amidonul de porumb, ¼ de cană de apă și sare într-o cratiță; adăugați cireșe. Gatiti la foc mic pana limpede. Se ia de pe foc și se răcește bine.

f) Adăugați Kirsch și răciți. Puneti inghetata in coaja de placinta. Turnați glazură de cireșe peste plăcintă și serviți imediat.

51. de cireșe, rubarbă și pepene galben

INGREDIENTE:
- 400 de grame de rubarbă, tăiată în bucăți
- 150 ml zahăr granulat
- 150 ml vin alb
- 500 de grame de pepene galben de diferite feluri, formate în bile
- 200g cirese proaspete, taiate in jumatate, indepartate samburii
- 120 g zmeura
- Frunze de mentă proaspătă
- Batoane de lamaie (pentru servire)

INSTRUCȚIUNI:
a) Într-o cratiță, combinați bucățile de rubarbă cu zahărul granulat și vinul alb. Se încălzește amestecul la foc mic, lăsând rubarba să se înmoaie și să se topească ușor.
b) Scoateți cratita de pe foc și lăsați amestecul de rubarbă să se răcească. Răciți-l la frigider.
c) În timp ce amestecul de rubarbă se răcește, pregătiți pepenele galben formându-l în bile sau tăiându-l în bucăți mici.
d) Odată ce amestecul de rubarbă s-a răcit, adăugați în cratiță pepenele, zmeura, cireșele și frunzele de mentă tocate mărunt.
e) Amestecați ușor totul.
f) Puneți salata la frigider și lăsați-o să se răcească câteva ore, permițând aromelor să se topească.
g) Când este gata de servire, împărțiți salata în boluri mici și ornați fiecare porție cu frunze de mentă proaspătă.
h) Serviți salata de rubarbă și pepene galben cu bețișoare de lămâie în lateral pentru o notă răcoritoare.
i) Bucurați-vă de această salată delicioasă și răcoritoare cu rubarbă și pepene galben!

52.Cirese si Afine

INGREDIENTE:
- 2 linguri de zahar
- 2 linguri Amaretto
- 2 ½ căni de cireșe Bing proaspete, fără sâmburi
- ½ cană de afine proaspete
- 2 linguri amidon de porumb
- 2 cesti jumatate si jumatate, impartite
- ⅔ cană zahăr
- 1 lingura Amaretto
- ¼ lingurita sare

INSTRUCȚIUNI:
a) Combinați zahărul, Amaretto, cireșele și afinele într-un castron mediu. Se lasa sa stea 30-45 de minute, amestecand din cand in cand. Adăugați fructele cu sucuri într-o cratiță medie și gătiți la foc mediu, amestecând des, până se înmoaie, aproximativ 15 minute. Lăsați fructele să se răcească ușor, apoi adăugați într-un robot de bucătărie și pasați până când sunt aproape omogene, lăsând puțină textură. Pune deoparte ⅓ cană de amestec de fructe pentru a se învârti în înghețată; puneți restul amestecului de fructe în cratiță.

b) Se amestecă amidonul de porumb și 3 linguri jumătate într-un castron mic; pus deoparte. Adăugați jumătate și jumătate rămasă, zahăr, Amaretto și sare într-o cratiță cu amestec de fructe; aduceți la fierbere la foc mediu-mare în timp ce amestecați constant. Se amestecă amestecul de amidon de porumb. Reveniți la fierbere și gătiți încă 1 până la 2 minute, amestecând până se îngroașă. Se ia de pe foc și se răcește la temperatura camerei, apoi se acoperă și se da la rece timp de 6 ore la frigider.

c) Turnați amestecul de înghețată răcit în cilindrul înghețat al aparatului de înghețată; congelați conform instrucțiunilor producătorului. Pune jumătate din amestecul de înghețată într-un recipient care poate fi folosit pentru congelator, deasupra cu cârlițe din amestecul de fructe și repetă. Învârtiți straturile împreună cu o frigărui de lemn. Congelați amestecul peste noapte până când este ferm.

53.Pesmet de lapte de cireșe

INGREDIENTE:
- 1 porție pesmet de lapte
- ½ cană pudră de cireșe liofilizată
- ¼ cană pudră de afine liofilizată
- 0½ g sare kosher [⅛ linguriță]

INSTRUCȚIUNI:

a) Aruncați firimiturile de lapte cu praful de fructe de pădure și sare într-un castron mediu până când toate firimiturile sunt uniform pete roșii și albastre și acoperite cu pudra de fructe de pădure.

b) Firimiturile pot fi păstrate într-un recipient ermetic la frigider sau congelator până la 1 lună.

54. Parfait de cireșe

INGREDIENTE:
- 3 uncii cremă de brânză Neufchatel
- 2 cani de lapte degresat rece
- Pachet de 3 uncii de budincă de ciocolată instant Jell-O fără zahăr
- 1 lingura amidon de porumb
- ⅓ cană suc de cireșe
- 1 conserve Vișine roșii fără sâmburi
- 1 kilogram de apă
- 6 pachete de îndulcitor egal

INSTRUCȚIUNI:
a) Amestecați crema de brânză cu ¼ de cană de lapte la viteză mică a unui mixer electric, până se omogenizează. Adăugați laptele rămas și amestecul de budincă. Se amestecă timp de 1 sau 2 minute sau până la omogenizare.
b) Amestecă amidonul de porumb în sucul de cireșe până se dizolvă. Se adaugă la cireșe și se fierbe până dă în clocot timp de 1 minut.
c) Se ia de pe foc și se amestecă Equal.
d) Alternativ, puneți budincă și cireșe în feluri de mâncare pentru parfait, terminând cu budincă. Se orneaza cu 2 cirese.

55. Cremă de cireșe Dacquoise

INGREDIENTE:
PENTRU DACCOISE:
- 180 g (1½ cană) zahăr pudră
- 160 g (1⅔ cani) făină de migdale
- 6 albusuri mari
- Putina sare
- ½ lingurita crema de tartru
- 60 g (¼ cană) zahăr tos

PENTRU Umplutura:
- 200 g (6 uncii) cireșe întunecate proaspete sau congelate și dezghețate, fără sâmburi
- 120 g (½ cană) zahăr tos
- ¾ cană apă
- 1 lingurita suc de lamaie
- 500 ml (2 căni) smântână dublă

PENTRU TOPING:
- 30 g (1 uncie) ciocolată neagră
- Zahăr pudră

INSTRUCȚIUNI:
a) Mai întâi, faceți dacquoise: preîncălziți cuptorul la 130°C (ventilator dacă este posibil)/250°F/gaz ½. Ungeți cu unt partea inferioară a celei mai mari tăvi de copt și lipiți de ea o foaie de pergament.

b) Desenați trei cercuri, fiecare cu diametrul de 20 cm, pe pergament. Puteți folosi și rondele de pergament pre-tăiate. Dacă trei cercuri nu se potrivesc, folosiți două tăvi.

c) Se amestecă zahărul pudră și făina de migdale într-un castron. Albusurile se bat spuma cu un praf de sare, se adauga crema de tartru si se bat pana la varfuri moi. Adaugam zaharul tos in trei-patru portii, batand continuu, pana obtinem o bezea moale.

d) Se toarnă amestecul de zahăr de migdale peste bezea și se împletește cu o spatulă. Transferați amestecul într-o pungă cu o duză mare simplă sau într-o pungă de congelare și tăiați un colț de 1½ cm.

e) Puneți amestecul pe cercurile marcate, începând de la mijlocul fiecăruia în formă de spirală. Transferați la cuptor și coaceți timp de 1 oră și 30 de minute. Dacă aveți două tăvi, schimbați-le la jumătatea timpului pentru a asigura o coacere uniformă. Opriți cuptorul și lăsați dacquoise înăuntru încă 1 oră și 30 de minute sau peste noapte. Scoateți pergamentul.
f) În timp ce dacquoise se coace, pregătiți cireșele: puneți-le într-o cratiță mare cu zahărul, apa și zeama de lămâie și aduceți-le la fiert. Tine-le la fiert energic timp de 30 de minute; amestecați ușor până la sfârșitul gătitului pentru a verifica dacă cireșele nu se prind de fund. Luați tigaia de pe foc și răciți.
g) Bateți smântâna până la vârfuri moi. Incorporati ciresele, strecurate cu o lingura cu fanta, rezervand cateva pentru decor (siropul poate fi folosit in bauturi sau peste inghetata).
h) Puneți un disc de dacquoise pe un platou de tort sau un suport, cu partea plată în jos.
i) Întindeți peste ea jumătate din crema de cireșe și acoperiți cu un alt disc, cu partea plată în sus.
j) Intindeti peste ea crema ramasa si acoperiti-o cu ultimul disc (rezervati-l pe cel mai frumos pentru asta). Pudrați cu zahăr pudră și decorați cu cireșe.
k) Topiți ciocolata neagră la bain-marie sau la cuptorul cu microunde la putere mică. Se stropește deasupra prăjiturii folosind o furculiță.
l) Dac la frigider cel putin 2 ore inainte de servire, astfel incat crema sa inmoaie putin dacquoise.
m) Se va păstra 2-3 zile la frigider, dar straturile de dacquoise se vor înmuia în continuare.

56. Cappuccino Afine Crisp

INGREDIENTE:
- 4 căni de afine proaspete sau congelate
- 2 linguri granule de cafea instant
- ½ cană zahăr granulat
- 1 cană de ovăz de modă veche
- ½ cană făină universală
- ½ cană zahăr brun la pachet
- ½ cană unt nesărat, rece și tăiat cubulețe
- ½ lingurita de scortisoara macinata
- Putina sare

INSTRUCȚIUNI:
a) Preîncălziți cuptorul la 350 ° F (175 ° C) și ungeți o tavă de copt de 9 x 9 inci.
b) Se dizolvă granulele de cafea instant în 2 linguri de apă fierbinte și se lasă deoparte.
c) Într-un castron mare, combinați afinele și amestecul de cafea dizolvat. Aruncă pentru a acoperi.
d) Într-un castron separat, amestecați zahărul granulat, scorțișoara măcinată și un praf de sare. Presărați acest amestec peste afine și amestecați pentru a se acoperi.
e) Transferați amestecul de afine în vasul de copt pregătit.
f) Într-un castron, combinați ovăzul de modă veche, făina universală, zahărul brun și untul rece tăiat cubulețe. Se amestecă până se sfărâmiciază.
g) Presărați uniform amestecul de ovăz peste afine.
h) Coaceți timp de 35-40 de minute sau până când toppingul este maro auriu, iar afinele clocotesc.
i) Se lasa sa se raceasca putin inainte de servire. Bucurati-vă de cappuccino crocant de afine!

57. Bavarois de cireșe

INGREDIENTE:
- 1 cană ciocolată neagră, topită
- ½ cană gem de cireșe
- 2 lingurite gelatina
- 3 linguri de apa rece
- 2 căni de smântână groasă, bătută
- Frisca si cirese maraschino pentru decor

INSTRUCȚIUNI:
a) Se dizolva gelatina in apa rece si se lasa sa infloreasca cateva minute.
b) Într-o cratiță, combinați ciocolata neagră topită și dulceața de cireșe. Se încălzește la foc mic până se combină bine.
c) Se amestecă gelatina dizolvată în amestecul de ciocolată-cireșe.
d) Lăsați amestecul să se răcească la temperatura camerei.
e) Incorporati usor frisca.
f) Turnați jumătate din amestecul de ciocolată-cireșe în pahare sau forme de servire.
g) Adăugați o praf de frișcă și o cireșă maraschino.
h) Acoperiți cu amestecul de ciocolată-cireșe rămas.
i) Se da la frigider pentru cel putin 4 ore sau pana se fixeaza.

58. Tort cu cireșe cu susul în jos

INGREDIENTE:
TOPING:
- ¼ cană margarină
- ½ cană de zahăr
- 2 căni de vișine

PORȚIE de tort:
- 1 ½ cană de făină
- ½ cană de zahăr
- 2 lingurițe Praf de copt
- ½ lingurita Sare
- 1 ou
- ½ cană de lapte
- 3 linguri Shortening, topit

INSTRUCȚIUNI:
a) Preîncălziți cuptorul la 400 de grade Fahrenheit (200 de grade Celsius).
b) Într-o tigaie de 9 inchi, topește ¼ de cană de margarină.
c) Adăugați vișinele amestecate cu ½ cană de zahăr în margarina topită din tigaie, răspândindu-le uniform.
d) Pentru a face porția de tort, amestecați într-un castron făina, ½ cană de zahăr, praful de copt și sarea.
e) Adăugați oul bătut, laptele și shorteningul topit la ingredientele uscate, amestecând până se combină bine.
f) Turnați uniform aluatul de chec peste cireșe și zahăr din tavă.
g) Coacem prajitura in cuptorul preincalzit pentru aproximativ 30 de minute sau pana cand o scobitoare introdusa in centru iese curata.
h) Imediat după coacere, răsturnați tortul pe o farfurie de servire, astfel încât toppingul de cireșe să fie acum deasupra prăjiturii.
i) Servește tortul cu visine cu susul în jos cald și bucură-te de aromele încântătoare ale cireșelor dulci și ale prăjiturii fragede!

59.Oală cu migdale și cireșe

INGREDIENTE:
- 2 căni de smântână groasă
- ½ cană zahăr granulat
- 6 galbenusuri mari
- 1 lingurita extract de migdale
- 1 cană cireșe proaspete, fără sâmburi și tăiate la jumătate
- Migdale tăiate felii și cireșe proaspete pentru decor

INSTRUCȚIUNI:
a) Intr-o cratita se incinge smantana grea si zaharul pana incepe sa fiarba.
b) Se amestecă cireșele proaspete tăiate în jumătate.
c) Se ia de pe foc si se lasa 15 minute la infuzat.
d) Într-un castron separat, amestecați gălbenușurile de ou și extractul de migdale până se omogenizează.
e) Turnați încet amestecul fierbinte de smântână infuzat cu cireșe în gălbenușurile de ou în timp ce amestecați continuu.
f) Se toarnă amestecul în vase individuale cu cremă și se da la frigider pentru cel puțin 4 ore înainte de servire.
g) Se ornează cu migdale feliate și cireșe proaspete înainte de servire.

60. Plăcintă Brownie cu cireșe

INGREDIENTE:
- 1 cutie de amestec de brownie (plus ingredientele necesare)
- 1 cutie umplutură de plăcintă cu cireșe
- ½ cană chipsuri de ciocolată semidulce
- Frisca, pentru topping

INSTRUCȚIUNI:
a) Preîncălziți cuptorul conform instrucțiunilor de pe pachetul de brownie și pregătiți aluatul pentru brownie conform instrucțiunilor.
b) Întindeți jumătate din aluatul de brownie uniform pe fundul unui vas de plăcintă de 9 inci uns sau căptușit.
c) Turnați umplutura de plăcintă cu cireșe peste aluatul de brownie.
d) Presărați fulgii de ciocolată semidulce peste umplutura de plăcintă cu cireșe.
e) Întindeți jumătatea rămasă din aluatul de brownie peste umplutura de plăcintă cu cireșe și fulgi de ciocolată.
f) Coaceți conform instrucțiunilor din pachetul pentru amestecul de brownie, de obicei aproximativ 30-35 de minute.
g) Lăsați plăcinta cu brownie să se răcească complet înainte de a o feli.
h) Se serveste cu frisca deasupra.

61. Cizmar cireş

INGREDIENTE:
- ¼ cană cireșe congelate
- 1 lingura zahar granulat
- 2 linguri de făină universală
- 1 lingura de unt

INSTRUCȚIUNI:
a) Într-o cană sigură pentru cuptorul cu microunde, combinați cireșele congelate, zahărul granulat, făina universală și untul.
b) Amestecați bine ingredientele până când cireșele sunt acoperite cu amestecul de făină și zahăr.
c) Puneți cana cu microunde la putere mare timp de aproximativ 1-2 minute, sau până când cizărul este gătit și cireșele clocotesc. Timpul exact de gătire poate varia în funcție de puterea cuptorului cu microunde, așa că fii atent la el.
d) Scoateți cu grijă cana din cuptorul cu microunde (poate fi fierbinte) și lăsați cizmarul să se răcească timp de un minut sau două înainte de servire.
e) Te poți bucura de Cherry Cobbler așa cum este, sau îl poți servi cu o lingură de înghețată de vanilie sau o cupă de frișcă pentru un plus de răsfăț.
f) Luați o lingură și săpați în Cherry Cobbler cald și fructat!

62. Tort cu cremă

INGREDIENTE:
- 2 căni de firimituri de biscuiți Graham
- ½ cană unt nesărat, topit
- 2 pachete (8 uncii) de cremă de brânză, înmuiată
- 1 cană de zahăr pudră
- 1 lingurita extract de vanilie
- 1 cană smântână groasă, bătută
- 1 cutie (21 uncii) umplutură de plăcintă cu cireșe

INSTRUCȚIUNI:
a) Într-un castron mediu, combinați firimiturile de biscuiți Graham și untul topit. Se amestecă până când firimiturile sunt acoperite uniform cu unt.
b) Apăsați amestecul de pesmet în fundul unei tavi elastice de 9 inci, creând un strat uniform. Puneți tava la frigider pentru a se răci în timp ce pregătiți umplutura.
c) Într-un castron mare, bateți crema de brânză până devine omogenă și cremoasă.
d) Adăugați zahărul pudră și extractul de vanilie la crema de brânză și continuați să bateți până se omogenizează bine.
e) Incorporati usor frisca.
f) Se toarnă amestecul de cremă de brânză peste crusta răcită în tava cu arc și se întinde uniform.
g) Peste amestecul de cremă de brânză se întinde umplutura de plăcintă cu cireșe, întinzând-o pentru a crea un strat.
h) Acoperiți tava cu folie de plastic și lăsați-l la frigider pentru cel puțin 4 ore sau peste noapte pentru a se întări.
i) Odată întărit, scoateți părțile laterale ale tavii arc și feliați tortul pentru servire. Bucurați-vă de deliciosul tort cu cremă de cireșe fără coacere!

63. Mousse de lamaie cirese nuci

INGREDIENTE:
- ½ cană migdale naturale întregi
- 1 Plic gelatină fără aromă
- 3 linguri suc de lamaie
- 1 cană zahăr granulat; împărțit
- 1 cutie (12 uncii) lapte evaporat
- 1 conserve (21 uncii) umplutură și topping de plăcintă cu cireșe
- 2 lingurite coaja de lamaie rasa
- ¼ linguriță extract de migdale
- 4 albușuri

INSTRUCȚIUNI:
a) Întindeți migdalele într-un singur strat pe o tavă de copt. Coacem in cuptorul incalzit la 350 de grade timp de 12-15 minute, amestecand din cand in cand, pana se prajeste usor. Se răcește și se toacă mărunt.
b) Presara gelatina peste 3 linguri de apa intr-o cratita mica grea. Se lasa sa stea 2 minute pana cand gelatina a absorbit apa.
c) Se amestecă sucul de lămâie și ½ cană de zahăr; amestecați amestecul la foc mic până când gelatina și zahărul s-au dizolvat complet și lichidul este limpede.
d) Turnați laptele evaporat într-un castron mare; se amestecă umplutura de plăcintă cu cireșe, coaja de lămâie și extractul de migdale. Se amestecă amestecul de gelatină dizolvat, amestecând bine.
e) Răciți până când amestecul este gros și de consistență asemănătoare budincii.
f) Bate albusurile spuma pana la culoare si spumoasa. Adăugați treptat zahărul rămas.
g) Continuați să bateți până se formează bezea tare. Îndoiți bezeaua în amestecul de cireșe. Incorporati usor migdalele tocate.
h) Turnați mousse în 8 boluri de servire. Acoperiți și lăsați la rece cel puțin 2 ore sau peste noapte înainte de servire.

64. Mousse de cirese

INGREDIENTE:
- 6 ouă mari, separate
- ½ cană de zahăr
- ¼ cană Plus 2 linguri de apă
- 3½ halbe de smântână
- 3½ cană de tartă sau cireșe dulci, piure

INSTRUCȚIUNI:
a) Puneți albusurile la frigider și gălbenușurile într-un bol mare de oțel inoxidabil și lăsați deoparte.
b) Într-o cratiță grea, amestecați zahărul și apa. Se amestecă până se dizolvă și se pune la foc mare. Se fierbe 2-3 minute. Când este limpede și zahărul este complet dizolvat, se ia de pe foc și se bate rapid în gălbenușurile de ou. Cu un mixer manual, bateți acest amestec la viteză mare timp de 5 până la 8 minute sau până când devine tare și strălucitor. Pus deoparte.
c) Bateți smântâna până se formează vârfuri tari și lăsați deoparte. Albusurile se bat spuma pentru a forma varfuri tari si se lasa deoparte.
d) Adăugați cireșele făcute piure în amestecul de gălbenușuri de ou și amestecați bine. Se adauga frisca si apoi albusurile. Se toarnă în feluri de mâncare individuale sau într-un bol mare și se dă rapid la frigider pentru cel puțin 2 ore, mai mult dacă este posibil. Se serveste cu frisca sau nuci ca garnitura.

65. Semifreddo dublu cireş

INGREDIENTE:
- 1 cană cireșe proaspete, fără sâmburi și tăiate la jumătate
- 1 cană de cireșe maraschino, scurse și tăiate la jumătate
- ½ cană zahăr granulat
- 1 lingura suc de lamaie
- 4 ouă mari, separate
- ½ cană zahăr granulat
- 1 lingurita extract de vanilie
- 1 ½ cană de smântână groasă
- ½ cană făină de migdale (opțional)
- Frunze de mentă proaspătă, pentru ornat (opțional)

INSTRUCȚIUNI:
a) Într-o cratiță, combinați cireșele proaspete, cireșele maraschino, zahărul granulat și sucul de lămâie. Se fierbe la foc mediu, amestecând din când în când, până când cireșele își eliberează sucul și zahărul s-a dizolvat. Acest lucru va dura aproximativ 10 minute. Se ia de pe foc si se lasa sa se raceasca complet.
b) Odată ce amestecul de cireșe s-a răcit, transferați-l într-un blender sau robot de bucătărie și amestecați până la omogenizare. Pus deoparte.
c) Într-un castron, bate gălbenușurile de ou, zahărul granulat și extractul de vanilie până când se densează și palid.
d) Într-un castron separat, bate smântâna groasă până se formează vârfuri moi.
e) Incorporati usor frisca in amestecul de galbenusuri pana se omogenizeaza bine.
f) Dacă doriți, adăugați făina de migdale pentru a adăuga puțină textură semifreddo.
g) Turnați jumătate din amestecul de semifreddo într-o tavă de pâine sau într-un recipient sigur pentru congelator.
h) Pune jumătate din piureul de cireșe pe amestecul de semifreddo din tigaie. Folosiți un cuțit sau o frigărui pentru a învârti piureul în amestecul de smântână.
i) Turnați jumătatea rămasă din amestecul de semifreddo peste vârtejul de cireșe.

j) Puneți deasupra piureul de cireșe rămas și amestecați-l în amestecul de smântână.
k) Acoperiți tava cu folie de plastic și congelați timp de cel puțin 6 ore sau peste noapte până se întărește.
l) Când este gata de servire, scoateți semifreddo din congelator și lăsați-l să stea câteva minute la temperatura camerei pentru a se înmoaie ușor.
m) Decorați cu frunze de mentă proaspătă, dacă doriți.
n) Se taie semifreddo și se servește imediat.
o) Bucurați-vă de încântătorul Double Cherry Semifreddo!

66.Tarta Cherry Swirl Inghetata de Cocos

INGREDIENTE:
- ¾ cană plus 2 linguri de zahăr din trestie evaporat
- 1 cutie (13½ uncii) de lapte de cocos plin de grăsime (nu ușor)
- 1 cană lapte nelactat
- 1 lingurita extract de vanilie
- ⅓ ceasca de cirese tarta uscate, tocate grosier
- ¼ cană apă
- ½ linguriță de amidon de săgeată sau de tapioca
- ½ linguriță suc proaspăt de lămâie

INSTRUCȚIUNI:
a) Într-o cratiță mare, combinați ¾ de cană de zahăr cu laptele de cocos și alt lapte fără lapte, amestecând pentru a se încorpora. La foc mediu, aduceți amestecul la fierbere, amestecând des.
b) Odată ce ajunge la fierbere, reduceți focul la mediu-mic și bateți constant până când zahărul se dizolvă, aproximativ 5 minute. Luați de pe foc și adăugați vanilia, amestecând pentru a se combina.
c) Transferați amestecul într-un bol termorezistent și lăsați-l să se răcească complet.
d) În timp ce baza de înghețată se răcește, combinați cireșele uscate și apa într-o cratiță mică. Gatiti la foc mediu, pana cand ciresele se inmoaie si amestecul incepe sa clocoteasca.
e) Într-un castron mic, combinați cele 2 linguri de zahăr rămase și amidonul. Presărați amestecul în cireșe și reduceți focul la fiert.
f) Continuați să gătiți până când amestecul se îngroașă, aproximativ 3 minute, apoi adăugați zeama de lămâie. Transferați într-un bol termorezistent pentru a se răci complet.
g) Turnați amestecul de bază pentru înghețată în vasul unui aparat de înghețată de 1½ sau 2 litri și procesați conform instrucțiunilor producătorului. Odată ce înghețata este gata, puneți o treime într-un recipient sigur pentru congelator, apoi adăugați jumătate din amestecul de cireșe răcit.
h) Adăugați încă o treime din înghețată și acoperiți cu amestecul de cireșe rămas.
i) Acoperiți cu ultima treime din înghețată, apoi trageți un cuțit de unt prin amestec de 2 sau 3 ori, pentru a o învârti. Păstrați într-un

recipient ermetic la congelator cel puțin 2 ore înainte de a asambla sandvișurile.

SA FAC SANDWICHURI

j) Lăsați înghețata să se înmoaie ușor, astfel încât să fie ușor de scos. Pune jumătate din fursecuri, cu fundul în sus, pe o suprafață curată. Pune o linguriță generoasă de înghețată, aproximativ ⅓ cană, pe partea de sus a fiecărui prăjitură.

k) Acoperiți înghețata cu fursecurile rămase, cu fundul biscuitului atingând înghețata.

l) Apăsați ușor pe cookie-uri pentru a le nivela.

m) Înfășurați fiecare sandviș în folie de plastic sau hârtie cerată și întoarceți-l la congelator timp de cel puțin 30 de minute înainte de a mânca.

67. Înghețată de modă veche

INGREDIENTE:
- ¼ cană suc de portocale
- 0½ 0 uncie Triple Sec
- 2 uncii Jack Daniel's
- 8 picături de bitter aromat
- 1 ¼ cană de zahăr pudră
- 2 cesti de frisca grea pentru frisca
- 1-2 cirese cu rachiu

INSTRUCȚIUNI:
a) Combinați sucul, Jack Daniel's, triple sec și bitter într-un castron mare.
b) Se amestecă zahărul pudră, câte ¼ de cană la un moment dat, până se combină.
c) Adăugați smântâna pentru frișcă și amestecați până se densă, dar nu tare.
d) Puneți într-un recipient ermetic sau într-o tavă tapetată cu hârtie ceară acoperită cu folie.
e) Congelați, peste noapte sau până la câteva zile.
f) Serviți acoperit cu cireșe cu brandied.

68. Pavlova de cireșe și migdale

INGREDIENTE:
- 4 albusuri
- 1 cană de zahăr tos
- 1 lingurita otet alb
- 1 lingurita amidon de porumb
- 1 cana frisca
- 1 cană cireșe proaspete fără sâmburi
- ¼ cană migdale feliate, prăjite

INSTRUCȚIUNI:
a) Preîncălziți cuptorul la 300°F (150°C). Tapetați o foaie de copt cu hârtie de copt.
b) Bate albusurile spuma pana se formeaza varfuri tari. Adaugati treptat zaharul, cate o lingura, batand bine dupa fiecare adaugare.
c) Adăugați oțet și amidon de porumb și bateți până se combină.
d) Pune amestecul pe foaia de copt pregătită pentru a forma un cerc de 20 cm (8 inchi).
e) Cu o spatulă, faceți o fântână în centrul pavlovei.
f) Coaceți timp de 1 oră sau până când pavlova este crocantă la exterior și moale la interior.
g) Lasati sa se raceasca complet.
h) Peste pavlova se întinde frișcă. Adăugați cireșe fără sâmburi și presărați migdale feliate prăjite.

69.Flan de cirese proaspete

INGREDIENTE:
- 2 galbenusuri de ou
- 1 ou întreg
- 3½ căni de cireșe dulci coapte
- ½ cană de zahăr
- ½ cană de unt, topit
- 1 cană de făină
- 3 linguri de rom negru
- 1 linguriță Zest de lămâie ras
- 1 cană de lapte
- Zahăr Pudră și Cremă Fraiche

INSTRUCȚIUNI:
a) Cireșele cu grijă, lăsându-le întregi. Bateți zahărul, gălbenușurile și oul împreună până la omogenizare.
b) Bateți ⅓ de cană de unt, apoi făina, romul, coaja și laptele. Aluatul trebuie să fie foarte fin.
c) Dacă se dorește, aluatul poate fi amestecat rapid într-un blender.
d) Ungeți o tavă sau o tavă de copt de 9 inchi cu untul rămas. Aranjați cireșe pe fund și turnați aluatul peste.
e) Coaceți într-un cuptor preîncălzit la 400 de grade timp de 35 - 40 de minute sau până când devine maro auriu și ușor umflat și se fixează.
f) Se serveste cald, cu un pudra de zahar pudra si o praf sau doua de creme frage.

PENTRU A FACE CREME FRAICHE:
g) Adăugați 3 linguri de zară de cultură sau 1 cană de smântână cultivată la 2 căni de smântână groasă într-o cratiță. Se încălzește ușor la aproximativ 90 de grade Off foc și se toarnă într-un borcan curat.
h) Acoperiți lejer și lăsați să stea la temperatura camerei (75 - 80 de grade) timp de 6 - 8 ore sau peste noapte până când crema devine foarte groasă.
i) Se amestecă ușor, se acoperă și se da la frigider până la 2 săptămâni.

70. Înghețată cu cireșe

INGREDIENTE:
INGREDIENT DE BAZĂ
- 1 cană de smântână
- ½ cană de lapte condensat

TOPING
- 1 până la 2 picături de extract de floare de cireș
- 4 uncii de ciocolată albă, tocată
- ¼ cană Cireșe, scurse
- O mână de fistic (opțional)

INSTRUCȚIUNI:
a) Luați o tavă curată și mare și adăugați smântâna și laptele condensat.
b) Adăugați toppingurile și zdrobiți-le cu o spatulă.
c) Se întinde uniform și se îngheață peste noapte.
d) A doua zi, cu aceeași spatulă, rulați înghețata de la un capăt la celălalt al tăvii.

71. Inghetata Cheesecake Cherry

INGREDIENTE:
- 3 uncii de brânză cremă, înmuiată
- 1 conserve (14 uncii) de lapte condensat îndulcit
- 2 cesti jumatate si jumatate
- 2 cesti de frisca
- 1 lingura extract de vanilie
- ½ linguriță extract de migdale
- 10 uncii de cireșe maraschino, scurse și tocate

INSTRUCȚIUNI:
a) Într-un bol mare de mixer, bate crema de brânză până devine pufoasă.
b) Adăugați treptat laptele condensat îndulcit până la omogenizare.
c) Adăugați ingredientele rămase; amesteca bine.
d) Se toarnă într-un recipient pentru congelator de înghețată și se îngheață conform instrucțiunilor producătorului.

72. Tort cu cireșe

INGREDIENTE:
- 1 pachet amestec de tort de ciocolata
- Cutie de 21 uncii de umplutură de plăcintă cu cireșe
- ¼ cană de ulei
- 3 ouă
- Glazura de cirese

INSTRUCȚIUNI:
a) Se amestecă și se toarnă într-o tavă Bundt unsă.
b) Coaceți la 350ø timp de 45 de minute.
c) Lasam sa se raceasca in tava timp de 30 de minute apoi scoatem.

73. Poarta de cirese

INGREDIENTE:
- 3 ouă mari
- 4½ uncie zahăr tos (granulat)
- 3 uncii de făină simplă
- ½ uncie pudră de cacao
- 15 uncii de cireșe negre
- 2 lingurițe Arrowroot
- 1 halbă Cremă dublă (până la)
- 3 linguri Kirsch sau brandy
- 3 Fulgii lui Cadbury

INSTRUCȚIUNI:

a) Bateți ouăle și zahărul împreună până când sunt palide și foarte groase, iar batătorul lasă o urmă când este ridicat. Cerneți făina și cacao împreună de două ori și amestecați-le în amestecul de ouă. Se toarnă într-o formă rotundă de tort unsă și tapetată cu adâncimea de 23 cm/9 inchi.

b) Coaceți la 375 F timp de aproximativ 30 de minute sau până când sunt fermi la atingere. Se răcește pe un grătar.

c) Cand prajitura este rece taiati-o in trei straturi. Scurgeți cireșele, rezervând conserva de sirop. Se amestecă ½ litru de sirop (adăugând apă dacă este necesar) cu săgeata într-o cratiță și se aduce la fierbere, amestecând. Se fierbe până se îngroașă și limpede.

d) Cireșele se înjumătățesc, se scot sâmburele (sâmburele) și se adaugă în tigaie, rezervând câteva pentru decor. Misto. Bateți smântana până se îngroașă.

e) Asezati stratul de prajitura de jos pe o farfurie de servire si intindeti cu jumatate din amestecul de cirese si inca un strat de crema. Acoperiți cu al doilea strat de tort. Stropiți cu kirsch sau coniac, apoi întindeți peste amestecul de cireșe rămas și încă un strat de smântână. Puneți cu grijă stratul superior al prăjiturii pe cremă.

f) Rezervând puțină smântână pentru decor, întindeți restul peste deasupra și pe părțile laterale ale tortului. Faceți un model decorativ în partea de sus. Fulgi sau rade ciocolata și presează cea mai mare parte pe părțile laterale ale tortului.

g) Deasupra prăjiturii se învârtește crema rezervată și se decorează cu ciocolata rămasă și cireșele rezervate. Lasati prajitura 2-3 ore inainte de servire.

74. Sufle de cireșe

INGREDIENTE:
- 16 uncii cireșe fără sâmburi, scurse
- 5 linguri Brandy
- 4 pătrate de ciocolată pentru copt
- 2 plicuri de gelatina fara aroma
- 3 ouă, separate
- 14 uncii de lapte condensat îndulcit
- 1½ linguriță de vanilie
- 1 cană lapte evaporat

INSTRUCȚIUNI:

a) Tăiați cireșe și marinați-le în coniac (sau lichid de cireșe). Înmuiați gelatina în ½ cană suc de cireșe.

b) Bateți ușor gălbenușurile; se amestecă laptele îndulcit și gelatina. Se încălzește la foc mic până se dizolvă gelatina; se adauga ciocolata si se incalzeste pana se topeste si amestecul se ingroasa putin. Se amestecă cireșe și vanilie; dați la rece până când amestecul se formează ușor când este scăpat dintr-o lingură.

c) Bateți laptele evaporat și albușurile până când amestecul deține vârfuri tari.

d) Încorporați amestecul de gelatină. Se toarnă într-un vas de sufle de 1 litru cu un guler de 3". Se răcește până se întărește, câteva ore sau peste noapte. Îndepărtați gulerul; ornați cu cireșe, bucle de ciocolată sau topping bătut.

75. Tiramisu cu visine

INGREDIENTE:
PENTRU Umplutură cu cireșe
- ½ cană suc de cireșe sau sirop
- 1 cană de cireșe fără sâmburi
- 1 lingura faina de porumb
- 2 linguri de zahar

PENTRU AMESTEC DE CAFEA
- 2 linguri cafea instant
- 1 cană apă fierbinte

PENTRU CREMA DE MASCARPONE
- 200 ml smântână groasă
- 250 g mascarpone
- 6-8 linguri de zahar pudra
- 1 lingurita extract de vanilie

PENTRU MONTARE
- 15 biscuiți cu degete cca. 100 g
- sos de ciocolata
- așchii de ciocolată neagră
- pudră de cacao pentru praf
- cireșe proaspete sau la borcan pentru ornat

INSTRUCȚIUNI:

a) Pregătiți umplutura de cireșe amestecând 2 linguri de suc/sirop de cireșe cu cireșe împreună cu zahărul și făina de porumb.

b) Aduceți sucul de cireșe rămas la fiert și apoi adăugați cireșele la el. Se amestecă la foc mic până când lichidul s-a îngroșat și cireșele sunt ușor moale. Păstrați deoparte să se răcească.

c) Pregătiți-vă cafeaua amestecând cafeaua instant cu apă fierbinte și lăsați-o deoparte să se răcească. Puteți folosi și capsule espresso în loc de cafea instant. Ai nevoie de o ceașcă de cafea.

d) Într-un castron rece, bateți smântâna grea până la vârfuri medii. Apoi adăugați mascarpone, zahăr pudră și extract de vanilie. Bateți până când totul devine cremos și neted.

e) Când totul s-a răcit începe asamblarea. Folosesc trei pahare asortate de dimensiuni medii-mari. Puteți folosi orice preferi.

f) Începeți prin a înmuia degetele în cafea. Nu trebuie să vă scufundați mai mult de o secundă. Devin moi și moale foarte repede. In plus, se vor inmuia in continuare cu mascarpone deasupra. Rupeți degetele de doamnă dacă sunt mari pentru paharele de servire. Faceți o bază pe fund cu câte degete aveți nevoie.

g) Apoi puneți deasupra niște cremă de mascarpone. Stropiți puțin sos de ciocolată, cât doriți. Apoi adăugați un strat de cireșe. Repetați cu o altă bază de ladyfingers înmuiată în cafea urmată de crema de mascarpone.

h) Pudrați cu pudră de cacao și presărați niște așchii de ciocolată. Adăugați o cireșă proaspătă deasupra. eu

i) Dati la frigider 2-3 ore inainte de servire. Bucură-te de frig!

76. Budincă de Chia cu fructe de cireșe

INGREDIENTE:
- 2 linguri de seminte de chia
- ½ cană lapte de migdale neîndulcit
- 1 lingurita sirop de artar
- ½ linguriță extract de vanilie
- ⅓ cană fructe de pădure congelate, dezghețate
- 1 lingură iaurt vegan natural din nucă de cocos
- 1 lingura de granola

INSTRUCȚIUNI:

a) Budinca de chia: Bateți semințele de chia, laptele de migdale, siropul de arțar și extractul de vanilie într-un castron mic. Se lasa sa stea 10 minute si se lasa sa se ingroase putin. După 10 minute, bateți din nou pentru a îndepărta eventualele bulgări care s-au format și distribuiți uniform semințele în lapte.

b) Turnați budinca de chia într-un recipient ermetic și puneți-o la frigider pentru cel puțin o oră, de preferință peste noapte.

c) Iaurt cu cireșe: Între timp, faceți iaurtul cu cireșe. Pisează fructele de pădure cu o furculiță până când ești mulțumit de textură. Alternativ, puteți folosi un blender mic. Apoi amestecați iaurtul în piureul de fructe până când totul este încorporat. Acoperiți și păstrați la frigider până când budinca de chia s-a îngroșat.

d) Toppinguri: Când este gata de servire, puneți iaurtul cu cireșe deasupra budincii de chia și presărați puțină granola crocantă. De asemenea, îmi place să-l pun pe al meu cu cireșe proaspete.

77. Cannoli cu cireșe

INGREDIENTE:
PENTRU CANNOLI
- 2 albusuri mari
- ⅓ cană zahăr
- 1 lingura ulei de canola
- 1 lingura de unt, topit
- 2 lingurite extract pur de vanilie
- 1 lingura pudra de cacao
- ⅓ cană făină universală

PENTRU CIRESELE PRAPITE
- 2 căni de cireșe proaspete, fără sâmburi
- ⅓ cană zahăr
- 2 lingurițe amidon de porumb

PENTRU SMANTA
- 1 cană smântână rece pentru frișcă
- 1 lingură kirsch
- 1 cană de zahăr pudră

INSTRUCȚIUNI:
a) Preîncălziți cuptorul la 375.
b) Ungeți ușor două foi de copt cu spray de copt; pus deoparte.
c) Într-un castron de mărime medie, amestecați albușurile, zahărul, uleiul de canola, untul topit și vanilia. Bateți până se combină bine.
d) Adăugați cacao pudră și făină; continuați să amestecați până când se omogenizează și nu apar cocoloașe.
e) Pune 4 grămadă de aluat pe fiecare foaie de copt, folosind 3 lingurițe de aluat pentru fiecare, distanțați biscuiții la 3 inci unul de celălalt.
f) Cu dosul lingurii, întindeți fiecare prăjitură la un diametru de aproximativ 4 inci.
g) Coaceți timp de 6 până la 7 minute sau până când marginile încep să se rumenească.
h) Folosind o spatulă offset, slăbiți prăjiturile de pe foaia de copt și modelați-le sub formă de tub. Puteți folosi o ustensilă rotundă de metal și înfășurați prăjiturile în jurul acesteia.
i) Puneți fursecurile cu cusătura în jos și lăsați să se răcească.
j) Între timp, pregătiți cireșele.
k) Preîncălziți cuptorul la 400.
l) Combinați cireșele, zahărul și amidonul de porumb într-un castron și amestecați pentru a se amesteca.

m) Transferați într-o tavă/tavă de copt.
n) Se prăjește timp de 40 până la 45 de minute sau până când sucurile sunt clocotite, amestecând la fiecare 15 minute.
o) Se lasa sa se raceasca complet si se da la frigider pana este gata de utilizare.
p) Pregătiți frișca.
q) Combinați smântâna rece, Kirsch și zahărul pudră în bolul mixerului.
r) Bateți amestecul până se formează vârfuri tari; se da la rece pana este gata de utilizare.
s) Asamblați cookie-uri
t) Împărțiți uniform cireșele prăjite și umpleți-le în fiecare coajă de cannoli.
u) Puneti frisca pregatita intr-o punga de patiserie prevazuta cu varf stelut si introduceti umplutura in coji de cannoli.
v) Servi.

78. Tarta cu cirese

INGREDIENTE:

- ½ cană de unt
- 21 uncii de umplutură de plăcintă cu cireșe
- 1¼ cani de firimituri de napolitană de ciocolată
- 3 oua
- ⅔ cană făină
- 1 lingura smantana grea pentru frisca
- ¼ linguriță sare
- 2 uncii de ciocolată semidulce
- ⅔ cană zahăr
- 1 lingurita extract de vanilie

INSTRUCȚIUNI:

a) Într-un castron mic, combinați firimiturile de napolitană și zahărul; se amestecă cu untul. Apăsați pe partea de jos și în sus pe părțile laterale ale unui 11 inchi ușor uns. tava de tarta canelata cu fund detasabil.
b) Așezați tava pe o tavă de copt.
c) Coaceți la 350° timp de 8-10 minute sau până se rumenesc ușor. Se răcește pe un grătar.
d) Într-un cuptor cu microunde, topește untul și ciocolata; se amestecă până la omogenizare. Se răcește timp de 10 minute. Într-un castron mare, bate ouăle, zahărul, vanilia și sarea până se îngroașă, aproximativ 4 minute. Amestecați un amestec de ciocolată. Se amestecă făina și se amestecă bine.
e) Se toarnă în crustă; răspândit uniform.
f) Coaceți la 350° timp de 25-30 de minute sau până când o scobitoare introdusă lângă centru iese curată. Se răcește complet pe un grătar.
g) Întindeți umplutura de plăcintă deasupra.
h) Într-un cuptor cu microunde, topește ciocolata și smântâna; se amestecă până la omogenizare. Se răcește timp de 5 minute, amestecând din când în când.
i) Stropiți peste tartă. Răciți până se fixează.

79. cireșe cu brownies

INGREDIENTE:
PENTRU ÎNGHETATA
- Oală de 568 ml cremă unică
- 140 g zahăr tos
- 4 gălbenușuri de ou
- ½ linguriță extract de vanilie
- 200 g ciocolată neagră (70% cacao), plus suplimentar pentru decorare

PENTRU SOS DE CIRESE
- 1/2 conserva de 400g cireșe
- 2 linguri kirsch sau brandy

A SERVI
- 148 ml smantana dubla
- 2 lingurite de zahar pudra
- 2 pătrate de brownie

PENTRU BROWNII
- 200 g unt
- 175 g zahăr brun închis
- 140 g zahăr granulat
- 4 ouă
- 50 g migdale macinate
- 50 g faina simpla
- 200 g ciocolată neagră

INSTRUCȚIUNI:
a) Pentru înghețată, turnați smântâna într-o tigaie și aduceți-o la fiert. Bateți zahărul, gălbenușurile de ou și vanilia. Se toarnă peste 2 linguri de smântână și se amestecă în amestecul de ouă.

b) Se toarnă amestecul de ouă în tigaia cu smântână, se micșorează focul, apoi se fierbe câteva minute, amestecând continuu cu o lingură de lemn, până când crema ia dosul lingurii.

c) Topiți ciocolata în cuptorul cu microunde la putere maximă timp de 1 minut, apoi amestecați în bolul cu cremă. Când crema s-a răcit, amestecați într-un aparat de înghețată conform instrucțiunilor producătorului.

d) Pentru a face sosul, scurgeți cireșele, rezervând lichidul, apoi puneți deoparte. Puneți lichidul într-o tigaie cu kirsch sau coniac și fierbeți timp de 5 minute sau până devine siropos. Întoarceți cireșele în tigaie pentru a se încălzi.

e) Pentru a asambla sundaes-urile, bateți smântâna cu zahărul pudră până se formează vârfuri moi. Tăiați brownies-urile în bucăți mici, apoi puneți o mână în fundul a 4 pahare. Scoateți înghețata deasupra, apoi stropiți cu cireșe și sos. Se pune frisca si se presara cu ciocolata rasa.
f) PENTRU BROWNIES: Încinge cuptorul la 180C/ventilator 160C/gaz 4, apoi unge și tapetează o tavă pătrată de brownie de 20 cm. Se încălzește untul și ciocolata neagră într-o tigaie până se topesc. Se amestecă prin zahăr brun închis și zahăr granulat. Se lasă la răcit 5 minute, apoi se amestecă prin ouă.
g) Se amestecă migdalele și făina. Se toarnă în tavă, apoi se coace timp de 30-35 de minute până când este fiert.

80. Cherry Bircher

INGREDIENTE:
- 2 pere mici, rase
- 10 linguri (60g) de ovăz
- 1 lingură pudră de cacao sau pudră de cacao
- 200 g iaurt grecesc, plus 4 linguri
- 5 linguri lapte
- 1 lingură sirop de arțar sau miere, plus suplimentar pentru a servi (opțional)
- 200 g cireșe, tăiate la jumătate și fără sâmburi
- 2 pătrate de ciocolată neagră

INSTRUCȚIUNI:

a) Combinați perele, ovăzul, cacaoul, iaurtul, laptele și siropul de arțar într-un castron. Împărțiți între patru boluri (sau recipiente dacă îl duceți la lucru).

b) Acoperiți fiecare porție cu câteva cireșe, 1 lingură de iaurt și puțin sirop de arțar, dacă doriți. Razi fin ciocolata peste Bircher, oferind fiecarei portii un pudrat usor.

c) Mâncați imediat sau lăsați la frigider până la 2 zile.

81. Cherry Zuccotto

INGREDIENTE:
- 1 cana de frisca
- 1-2 linguri de zahar
- Cutie de 14 uncii de umplutură de plăcintă cu cireșe
- 3 linguri de ciocolată neagră rasă
- Tort de ciocolată copt de 1 inch și nouă

INSTRUCȚIUNI:

a) Tăiați tortul în jumătate și apăsați într-un castron de 8 inci pe care l-ați stropit cu spray de gătit și apoi ați tapetat cu folie de plastic care depășește marginile.

b) Cu folie de plastic înăuntru, apăsați tortul în sus și pe părțile laterale ale vasului cât de mult puteți pentru a forma acea cupolă de sus.

c) Se pune in cutia de cirese.

d) Luați cana cu frișcă și bateți-o până devine frișcă. Adăugați zahăr după gust, eu prefer frișca mai puțin dulce deoarece umplutura de plăcintă este foarte dulce.

e) Puneți frișca în tort, deasupra cireșelor.

f) Presărați așchii de ciocolată neagră pe frișcă.

g) Așezați partea de jos a prăjiturii și tăiați orice în plus până se potrivește. Apăsați-l ferm, dar nu atât de ferm încât totul să iasă într-o singură parte! Apoi, dacă aveți folie de plastic rămasă, pur și simplu scoateți-o de pe părțile laterale ale bolului și acoperiți-o.

h) Dați la frigider peste noapte. Răsturnează-l pe o farfurie și ar trebui să iasă frumos cu folie de plastic.

i) Scoateți folia de plastic și bucurați-vă!

82. Cherry Boule-de-Neige

INGREDIENTE:
TORT
- Spray antiadeziv cu ulei vegetal
- ⅓ cană conserve de cireșe
- 2 linguri kirsch
- 1 ½ cană de cireșe uscate
- 1 kilogram de ciocolată amăruie, tocată
- 1 cană (2 bețișoare) de unt nesărat
- 1 ¼ cană de zahăr
- 1 lingurita extract de vanilie
- 6 ouă mari
- ⅓ cană făină universală

Frisca KIRSCH
- 2 căni de frișcă răcită
- ¼ cană zahăr pudră
- 4 lingurițe de kirsch (coniac limpede de cireșe)
- ¼ linguriță extract de migdale
- 16 petale de violete confiate

INSTRUCȚIUNI:
PENTRU tort:

a) Poziționați grătarul în cea mai inferioară treime a cuptorului și preîncălziți-l la 350°F. Tapetați un bol metalic de 10 cești cu folie, extinzându-se 3 inci peste părțile laterale. Pulverizați folie cu spray antiaderent. Amestecați conservele cu kirsch într-o tigaie medie, la foc mediu, până se topesc conservele.

b) Adăugați cireșe uscate; aduce la fierbere. Acoperi; se ia de pe foc. Lasa sa se raceasca.

c) Topiți ciocolata cu untul într-o cratiță mare mare la foc mediu-mic, amestecând până se omogenizează. Se ia de pe foc.

d) Se amestecă zahărul și vanilia, apoi se bate ouăle câte unul. Amestecați făina, apoi amestecul de cireșe. Transferați aluatul în bolul pregătit.

e) Coaceți tortul într-un bol timp de 30 de minute. Îndoiți folia deasupra marginilor tortului pentru a preveni rumenirea excesivă.

f) Continuați să coaceți tortul până când blatul este crăpat și uscat și testerul introdus în centru iese cu niște aluat umed atașat, cu aproximativ 55 de minute mai mult. Răciți tortul complet într-un bol pe grătar (tortul poate cădea în centru).

g) Apăsați ferm marginea prăjiturii pentru a se egala cu centrul tortului. Acoperiți și lăsați să stea la temperatura camerei peste noapte.

PENTRU SMANTA KIRSCH:

h) Folosind un mixer electric, bateți smântâna, zahărul pudră, kirschul și extractul de migdale într-un castron mare până când crema ține vârfurile.
i) Întoarceți tortul pe un platou. Desprindeți folia. Puneti smantana intr-o punga mare de patiserie prevazuta cu varf mediu stea. Peste tort se acoperă stelele de frișcă, acoperind-o complet. Așezați stele suplimentare peste centrul plat de sus al tortului pentru a forma o cupolă.
j) Se decorează cu violete confiate.

BĂUTURI

83. Bourbon de cirese-vanilie

INGREDIENTE:
- 1 cană cireșe fără sâmburi proaspete sau congelate
- 1 boabe de vanilie, împărțită
- 2 căni de bourbon
- ½ cană miere sau sirop de arțar

INSTRUCȚIUNI:
a) Combinați cireșe, boabe de vanilie, bourbon și miere într-un borcan de sticlă.
b) Sigilați și lăsați-l să se infuzeze într-un loc răcoros și întunecat timp de 1 până la 2 săptămâni, agitând ocazional.
c) Se strecoară și se păstrează într-o sticlă curată.

84. Limonadă de cireșe

INGREDIENTE:
- 1 kg de vișine proaspete (dați deoparte câteva pentru garnitură)
- 2 căni de zahăr
- 8 căni de apă
- 6 până la 8 lămâi, plus suplimentar pentru garnitură

INSTRUCȚIUNI:
a) Într-o cratiță medie, combinați vișinele, zahărul și 3 căni de apă.
b) Se fierbe timp de 15 minute, apoi se lasa sa se raceasca la temperatura camerei.
c) Strecurați amestecul printr-o sită cu plasă fină.
d) Strângeți suficient suc de lămâie pentru a da 1 ½ cană de suc de lămâie.
e) Combinați sucul de cireșe, sucul de lămâie și aproximativ 5-6 căni de apă rece (ajustați după gustul dvs.).
f) Amestecați bine și, dacă doriți, adăugați felii subțiri de lămâie și cireșe proaspete pentru un plus de fler.

85. Cherry Tutti-frutti

INGREDIENTE:

- 4 kilograme de căpșuni
- 2 kilograme de zmeură
- 1 kilogram de afine
- 2 kilograme de piersici
- Două cutii de 16 uncii de vișine plăcintă
- Cutie de 12 uncii de suc de struguri roșii congelat
- Cutie de 12 uncii de ananas, banane, băutură din fructul pasiunii
- 6 kilograme de zahăr
- 2 kilograme de miere ușoară
- suficientă apă pentru a face cinci galoane
- 10 lingurițe amestec acid
- 1½ linguriță de tanin
- 2½ lingurițe de enzimă pectică
- 6 lingurite nutrient de drojdie
- 5 tablete Campden, zdrobite (opțional)
- 1 pachet de drojdie de șampanie

INSTRUCȚIUNI:
a) Pregătiți toate fructele și puneți-le într-o pungă mare sau în două pungi de nailon mai mici. Dezghețați sucurile. Puneți-le în fundul unui fermentator primar igienizat.
b) Fierbeți aproximativ 1 până la 2 litri de apă cu zahăr și miere, în funcție de cât de mare aveți un ibric. Îndepărtați dacă este necesar.
c) Turnați apa fierbinte cu zahăr peste fructe și sucuri. Adăugați restul de apă necesară pentru a face cei cinci galoane și puțin peste.
d) Adăugați nutrienții de drojdie, acidul și taninul, inclusiv tabletele Campden, dacă alegeți să le utilizați.
e) Acoperiți și montați cu un bloc de aer. Dacă utilizați comprimatele Campden, așteptați cel puțin 12 ore înainte de a adăuga enzima pectică. În alte 12-24 de ore, verificați PA și adăugați drojdia.
f) Se amestecă zilnic. Într-o săptămână sau două, scoateți pungile de fructe și lăsați-le să se scurgă fără a le strânge. Aruncați fructele. Verificați volumul de vin și PA. Dacă trebuie să adăugați mai multă apă, faceți. Dacă ai puțin prea mult, nu-ți face griji. Viața este prea scurtă așa cum este.
g) Când PA scade la 2 până la 3 la sută, puneți vinul într-o damigă de sticlă și montați-o cu un sas.
h) Mai puneți-l de două ori în următoarele șase luni. Așteptați până când vinul se limpezește și fermentează.
i) Îmbuteliați-l în sticle mari și de dimensiuni normale. Așteptați șase luni înainte de a încerca.

86. Punch cu ananas și cireșe

INGREDIENTE:
- Pachet de 3 uncii de amestec de gelatină de cireșe
- 1 cană apă fierbinte
- Cutie de 46 de uncii de suc de ananas, răcit
- 4 căni de suc de mere, răcit
- ¾ cani suc de lamaie
- 1 1tr. ginger ale, rece
- Garnituri: cireșe maraschino, felii de lămâie

INSTRUCȚIUNI:
a) Amestecați amestecul de gelatină și apa fierbinte într-un castron mic până când gelatina se dizolvă.
b) Se toarnă într-un ulcior mare, se amestecă cu suc; frig.
c) Când este gata de servire, adăugați ginger ale în ulcior, amestecând ușor pentru a se combina.

87.Cocktail Bourbon și Cireșe

INGREDIENTE:
- 4 linguri de bourbon
- 1 lingura + 1 lingurita rachiu de cirese
- 1 lingură cremă maro de cacao
- 1 lingurita Kahlua

A GARNI
- float de smântână (dublu/greu)
- cireșe maraschino
- ciocolată rasă/ cacao pudră

INSTRUCȚIUNI:
a) Pune o cirese in fiecare pahar de cocktail
b) Pune o mână de gheață într-un shaker sau într-un ulcior, apoi adaugă tot alcoolul
c) Se amestecă timp de 20 de secunde, apoi se strecoară în pahare
d) Puneți puțină smântână dublă deasupra cocktailului (vezi notele)
e) Se presara cu ciocolata rasa sau putina pudra de cacao cernuta

88.Reîmprospătare cu castraveți cireși

INGREDIENTE:
- 1 castravete, curatat si tocat
- 1 mână de cireșe
- 1 lingură coriandru proaspăt
- 3 căni de apă

INSTRUCȚIUNI:
a) Pune ingredientele într-un ulcior.
b) Dați la frigider câteva ore pentru a se înmuia.
c) Serviți bine răcit.

89. Limea de cirese

INGREDIENTE:
- 1 cană cireșe proaspete, fără sâmburi
- 2 lime, feliate subțiri
- Sirop de agave, dupa gust

INSTRUCȚIUNI:
a) Pune ingredientele în borcanul tău.
b) Servit rece.

90. Apa de cirese-menta

INGREDIENTE:
- 8 cireșe proaspete, fără sâmburi și tăiate la jumătate
- Apă
- ¼ cană frunze de mentă

INSTRUCȚIUNI:
a) Se zdrobesc cireșele și se pun într-un borcan de zidărie.
b) Umple borcanul cu apă; scuturați-l bine.
c) Serviți rece și bucurați-vă!

91. Mocktail de cireșe și pătrunjel

INGREDIENTE:
- 7 uncii de zahăr afumat
- 7 uncii de cireșe proaspete, fără sâmburi
- 4 crengute de patrunjel proaspat
- 2 linguri miere
- suc de 1 lămâie
- sifon de club

INSTRUCȚIUNI:
a) Combinați zahărul afumat cu 8 uncii de apă într-o cratiță și gătiți la foc mic, amestecând până când zahărul se dizolvă.
b) Luați de pe foc și adăugați cireșele și pătrunjelul.
c) Transferați siropul într-un borcan de sticlă sterilizat și lăsați la macerat timp de 3 ore.
d) Turnați siropul aromatizat în 4 pahare și adăugați mierea și sucul de lămâie.
e) Acoperiți cu sifon răcit.

92. Moka cu gheață de cireșe

INGREDIENTE:
- 4 linguri Espresso
- Gheață
- 1 lingura sirop de ciocolata
- 1 lingura sirop de cirese
- ½ lingură sirop de cocos
- 16 linguri lapte rece
- Frisca; pentru topping
- Ciocolata ras; pentru topping
- 1 cireș; pentru garnitură

INSTRUCȚIUNI:
a) Turnați espresso într-un pahar de 12 uncii umplut cu gheață.
b) Adăugați siropurile și laptele și amestecați.
c) Acoperiți cu o pufă generoasă de frișcă și ciocolată rasă și ornezați cu o cireșă.

93.Bing C lichior de herry

INGREDIENTE:
- 2 felii de lamaie
- 1 A cincea VO
- cireșe Bing
- 2 linguri de zahăr

INSTRUCȚIUNI:
a) Umpleți fiecare borcan pe jumătate cu cireșe.
b) Adăugați la fiecare felie de lămâie și o lingură de zahăr.
c) Apoi umpleți până sus cu VO, închideți bine capacul, agitați și lăsați la înmuiat într-un loc răcoros timp de 6 luni.

94.Bourbon de cirese-vanilie

INGREDIENTE:
- 2 boabe de vanilie , împărțite
- 8 uncii de cireșe uscate sau proaspete
- 32 uncii de whisky

INSTRUCȚIUNI:
a) Se amestecă totul și se pune la înmuiat într-un loc răcoros și întunecat timp de minim 2 zile.

95. țuică de cireșe

INGREDIENTE:
- ½ kilograme cireșe Bing. tulpinat
- ½ kilograme Zahar granulat
- 2 căni de coniac

INSTRUCȚIUNI:
a) Pune cireșe într-un borcan de 1 litru.
b) Peste cirese se toarna zahar.
c) Se toarnă coniac peste zahăr și cireșe.
d) Se înmoaie timp de 3 luni. NU agitați.
e) Se strecoară într-o sticlă.

96.Coniac infuzat cu cireșe

INGREDIENTE:
- 33 uncii de coniac
- 0,15 uncii păstăi de vanilie
- 23 uncii de cireșe, fără sâmburi
- 7 uncii de zahăr tos

INSTRUCȚIUNI:
a) Umpleți un borcan de două litre cu cireșe dulci fără sâmburi.
b) Adăugați zahăr tos, o păstăi de vanilie și coniac.
c) Închideți borcanul și lăsați la macerat timp de 2 săptămâni

97.Kombucha de cireșe

INGREDIENTE:
- 14 cesti de ceai negru kombucha, impartite
- 32 uncii cireșe dulci, fără sâmburi

INSTRUCȚIUNI:
a) Într-un robot de bucătărie sau un blender, pasează cireșele în piure împreună cu aproximativ 1 cană de kombucha până se lichefiază.
b) Adăugați piureul și restul de kombucha într-un borcan de sticlă de 1 galon și acoperiți-l cu o cârpă albă curată, fixată cu o bandă de cauciuc.
c) Lăsați borcanul pe blat într-un loc cald, în jur de 72°F, timp de cel puțin 12 ore și nu mai mult de 24 de ore. Cu cât se înmoaie mai mult, cu atât aroma de cireșe va deveni mai puternică.
d) Turnați kombucha printr-o strecurătoare din plasă de sârmă peste un borcan sau o oală mare pentru a îndepărta orice solid.
e) Cu ajutorul unei pâlnii, turnați kombucha în sticle și acoperiți-le bine. Puneți sticlele într-un loc cald, la aproximativ 72°F, pentru a fermenta timp de 48 de ore.
f) Dă la frigider 1 sticlă timp de 6 ore, până se răcește bine. Deschideți sticla și gustați din kombucha. Dacă este spumoasă spre satisfacția ta, pune toate sticlele la frigider și servește odată răcit.
g) Odată ce efervescența și dulceața dorite sunt atinse, puneți toate sticlele la frigider pentru a opri fermentația.

98.Cherry Martini

INGREDIENTE:
- 2 uncii de vodcă cu vanilie
- ½ uncie lichior de ciocolată
- ½ uncie Creme De Cacao
- 2 lingurite suc de cirese
- Garnitură: Frișcă/Așchii de ciocolată/Vișine

INSTRUCȚIUNI:
a) Într-un pahar umplut cu gheață combinați vodca cu vanilie, lichiorul de ciocolată, crema de cacao și sucul de cireșe.
b) Agită bine.
c) Se strecoară amestecul într-un pahar coupe și se adaugă cu frișcă, așchii de ciocolată și o cireșă.

99. Milkshake Cherry Boba

INGREDIENTE:
- 110 ml băutură cu lapte ciocolată
- 3 linguri lapte praf
- 2 linguri de pudră de cireșe
- Câteva linguri de gheață zdrobită
- Și, de asemenea, câteva linguri de perle boba

INSTRUCȚIUNI:
a) Agitați totul într-o ceașcă cu capac.
b) În sfârșit, gheața și perlele boba.

100.Smoothie cu cireșe, vanilie

INGREDIENTE:
- 1 cană cireșe congelate fără sâmburi
- ¼ cană nuci de macadamia crude
- ½ banană, tăiată în bucăți
- ¼ cană fructe de pădure goji uscate
- 1 lingurita extract pur de vanilie
- 1 cană de apă
- 6 până la 8 cuburi de gheață

INSTRUCȚIUNI:
a) Pune toate ingredientele, cu excepția înghețatei, într-un blender și procesează până devine omogen și cremos.
b) Adăugați gheața și procesați din nou. Bea rece ca gheata.

CONCLUZIE

Pe măsură ce ne încheiem călătoria prin lumea cireșelor, sper că această carte de bucate te-a inspirat să explorezi aromele dulci și acidulate ale acestui fruct iubit în propria ta bucătărie. „CARTEA DE CATEGORIE ULTIMĂ DE CIRES" a fost creată cu o pasiune pentru a celebra versatilitatea delicioasă a cireșelor, oferind o gamă largă de rețete pentru a se potrivi fiecărui gust și ocazie.

Vă mulțumesc că mi-ați fost alături în această aventură culinară. Fie ca bucătăria ta să fie plină de aroma irezistibilă a plăcintelor cu cireșe coapte în cuptor, de dulceața dulce a dulcețurilor de cireșe fierbinte pe aragaz și de culorile vibrante ale salatelor de cireșe care împodobesc masa ta. Indiferent dacă vă bucurați de cireșe ca o gustare dulce sau le încorporați în mâncăruri sărate, fiecare mușcătură poate fi o sărbătoare a deliciului acestui fruct iubit.

Până ne revedem, gătit fericit și creațiile tale culinare să continue să încânte și să inspire. Noroc pentru lumea minunată a cireșelor și bucuria pe care acestea o aduc pe mesele noastre!

www.ingramcontent.com/pod-product-compliance
Lightning Source LLC
Chambersburg PA
CBHW070351120526
44590CB00014B/1086